Liebe Leserin, lieber Leser,

wenn es um die Kernanliegen des Glaubens geht, scheiden sich die Geister: Der Knackpunkt ist der Anspruch der Übernatürlichkeit. So wird es auch mit dieser Ausgabe von INFO VERO sein. Die meisten Menschen haben kein Problem mit den Lehren Jesu, mit den Werten, die er verkörperte, und mit der Art und Weise, wie er Menschen behandelte. Im Gegenteil: Jesus hat viele Anhänger in diesem Sinne.

Problematisch wird es bei seinen Wundern, seiner Auferstehung von den Toten, seiner Himmelfahrt und bei seinem Anspruch, Gott zu sein und schon existiert zu haben, bevor er Mensch wurde – ebenso bei der Diskussion um „Evolution oder Schöpfung?" Wie kann ein Gott, den wir noch nie fotografiert haben und der noch nie in einer Talkshow aufgetreten ist, existieren und so mächtig sein, dass er die Welt mit all ihrem intelligenten Leben in nur sechs Tagen geschaffen hat?

Die meisten Menschen in unseren Breitengraden lehnen die übernatürlichen Teile des christlichen Glaubens ab. Für sie sind Berichte über Ereignisse, die den Naturgesetzen widersprechen, unglaubwürdig. Als Hilfskonstruktion – um einen ansonsten guten Menschen wie Jesus nicht als Lügner hinzustellen – werden Berichte über seine Wunder oder Selbstaussagen über seine Göttlichkeit von wohlmeinenden Verteidigern des Glaubens uminterpretiert. Man behauptet, sie seien lediglich allegorisch oder bildlich gemeint.

Der gebildete Durchschnittsmensch von heute stuft die Glaubwürdigkeit jener Dokumente herab, die von den Wundern Jesu berichten. Gemeint ist die Bibel. Alle ihre historischen, politischen, wirtschaftlichen und geografischen Angaben mögen nachweislich korrekt sein, da sie aber von Wundern spricht, wird sie abgelehnt. Zu diesen Wundern zählen die Erschaffung der Erde in nur sechs Tagen, die Auferweckung eines übel riechenden Toten namens Lazarus durch Jesus, dessen Gang über das Wasser, seine Speisung von 5.000 Menschen mit äußerst bescheidenen Mitteln, seine eigene Auferstehung von den Toten und seine Ankündigung, bald in Herrlichkeit wiederzukommen.

Nimmt man einen allmächtigen, intelligenten und gütigen Gott, wie er in der Bibel dargestellt wird, auch nur als Arbeitshypothese an, erhielten die Fragen nach den Ursprüngen des Lebens, der Intelligenz in der Natur, dem Sinn unseres Daseins und Vieles mehr, durchaus eine rationale Logik – allerdings nicht die Logik der Wissenschaft, die davon ausgeht, dass es nur diese eine materielle Welt mit ihren Naturgesetzen gibt. Wenn Gott allmächtig ist und die Welt und ihre Naturgesetze in kurzer Zeit aus dem Nichts erschaffen konnte – und was sonst wäre Allmacht, wenn er das nicht könnte? – warum sollte er nicht erneut in diese von ihm geschaffene Welt eingreifen können? Und das hieße: seine eigenen Naturgesetze außer Kraft setzen.

Auch in dieser Ausgabe von INFO VERO versuchen wir, diese Logik sichtbar zu machen. Wieder freuen wir uns, hierfür qualifizierte Autoren gefunden zu haben. Zur Illustration des Jesus-Artikels haben wir u. a. zwei Gemälde des amerikanischen Malers Nathan Greene (Michigan, Foto oben rechts) verwendet. Er ist einer der gefragtesten christlichen Illustratoren Amerikas. Wir sind uns darüber im Klaren, dass sein Stil nicht dem Kunstanspruch vieler gebildeter Europäer entspricht. Deshalb würde uns ein Feedback zu seiner Art der Malerei von unseren Lesern interessieren. Unter dem Foto von Nathan Greene haben wir auch Julian Gudmundsson abgebildet. Er ist unser Designer, der für das Layout von INFO VERO verantwortlich ist. Julians Wurzeln sind auf den Färöer Inseln und Island. Er lebt heute mit seiner Familie in Dänemark und spielt zum Ausgleich Kontrabass.

Für die Lektüre dieser Ausgabe wünsche ich Ihnen einen wachen Geist und Gottes Segen

Ihr

Gerhard Padderatz

Inhalt

Kleine Cover-Fotos von l. n. r.: Brian Kushner/dreamstime, Robert Adrian Hillman/dreamstime, www.creation.com, James Steidl/dreamstime

Rubriken

50 Im Schatten des Hollywood Boulevard: Die Steve-Wohlberg-Story

Ein junger Mann mit jüdischem Hintergrund am Beginn seiner Hollywood-Karriere fragt nach dem Sinn des Lebens. Durch scheinbare Zufälle angeregt greift er zur Bibel, fängt an zu lesen und begegnet Jesus.

Foto: www.whitehorsemedia.com

62 Jesus: Was wir wirklich über ihn wissen. Wie zuverlässig sind die historischen Quellen?

Unsere Zeitrechnung orientiert sich an seiner Geburt: Wer ist Jesus wirklich? Ist das, was wir in der Bibel über ihn lesen oder im Gottesdienst über ihn hören, nur Fantasie, das Wunschdenken orientalischer Gläubiger? Was sagen unsere Quellen wirklich?

Foto: Radu Razvan Gheorghe/dreamstime

82 Ist das leere Grab doch nicht leer? Der Fund von Talpiot: Sensation oder Fernseh-Ente?

Bei Ausschachtungsarbeiten für eine Wohnanlage in der Nähe von Jerusalem stieß man auf ein Grab mit den Namen „Jesus", „Joseph" und „Maria Magdalena". Ist dies das Familiengrab des angeblich Auferstandenen, wie kürzlich vom amerikanischen **Discovery Channel** ***behauptet?***

Foto: James Steidl/dreamstime

„Mein Horizont hat sich erweitert“

Ich habe noch nie eine Zeitschrift in den Händen gehalten, die so informativ und aufschlussreich ist wie INFO VERO. Mit großem Interesse habe ich alle Artikel gelesen. Mein Horizont hat sich um Einiges erweitert. Danke dafür. Ich gratuliere Ihnen zu einer so gelungenen Zeitschrift und hoffe, dass sie noch vielen Lesern die Wahrheit näher bringen wird. Ich selbst tue mich schwer, die Wahrheit zu finden und mich zwischen Bibel und Koran zu entscheiden. Ich habe enorme Angst davor, den falschen Weg zu gehen und letzten Endes in der Hölle zu landen.

Getoar Krasniqi, Kreuzlingen, Schweiz

„Warum feiern wir den Sonntag?“

Der Artikel „Sabbat und Sonntag – Feiert die Christenheit den falschen Tag?“ (INFO VERO 03) hat mir gezeigt, dass es tatsächlich die Kirche war, die die Feier des Sonntags eingeführt hat. Das war mir bisher nicht bekannt. Gott spricht in der Tat nicht vom Sonntag, dem ersten Tag der Woche, als einem Feiertag, sondern vom siebten, dem Sabbat, den wir als Samstag kennen. Warum also feiern wir den Sonntag? Nur weil die Kirche das so vorgibt? Die Kirche steht nicht über der Bibel. Sie hat auch nicht das Recht, das Gesetz Gottes zu verändern. Dennoch tut sie es. Ein wirklich guter Artikel. INFO VERO ist eine gelungene Zeitschrift, die aufklärt. Sie gibt Anlass, viele Dinge noch einmal neu zu überdenken.

Peter Klossek, Bendorf

Am Sabbat im Gesundheitswesen arbeiten?

Ich schätze INFO VERO und lese die Zeitschrift gern. Sie ist sehr empfehlenswert und wertvoll. Zum Thema „Sabbat“ frage ich mich, warum bestimmte Arbeiten, z. B. im Gesundheitswesen, erlaubt sind. Ich kenne dafür keine biblische Begründung. Viele Menschen saßen wegen des Sabbats im Gefängnis, andere haben deshalb ihre Arbeit verloren. Jesus hat zwar am Sabbat geheilt und Menschen geholfen, aber das war nicht seine reguläre Arbeit, sondern immer nur eine Ausnahme. Ich habe in der Familie zwei Mediziner und bitte deshalb um eine offene Antwort.

Heinrich Ilk, Offenburg

Wer konsequent und nach dem Vorbild Jesu die Sabbatruhe einhalten will, sollte am Sabbat keiner routinemäßigen Arbeit nachgehen, d. h. keiner Tätigkeit nachgehen, die seinem Gelderwerb dient. Ausnahmen sind medizinische Notfälle, in denen es um die Rettung von Leben geht. Es gibt Mediziner, die in dem Fall das am Sabbat verdiente Geld spenden.

Die Redaktion

Den Nachbarn ein Heft geschenkt

Wir sind von INFO VERO begeistert. Deshalb haben wir alle unsere Nachbarn (ca. 30) zum Jahreswechsel mit je einem Exemplar des Heftes beglückt. Wir ließen sie auch wissen, dass sie die Zeitschrift abonnieren können. Auch das Buch *Die verborgene Agenda*, das in der Zeitschrift beworben wird und ebenfalls in Ihrem Verlag erschienen ist, ist sehr informativ. Wir sind dankbar für diese wirklich notwendige Aufklärung.

Iris Manuela Brandl-Grau, Darmstadt

Nach dem Woher und dem Wohin fragen

Ich möchte Sie wissen lassen, dass uns INFO VERO ausnehmend gut gefällt und ich mir sicher auch die zukünftigen Ausgaben besorgen werde. Die gut durchdachten Artikel bereichern; sie vermitteln Wissen und wichtige Glaubensinhalte für unsere Zeit. Mögen durch diese Zeitschrift viele Menschen angeregt werden, nach dem Woher und dem Wohin zu fragen und Interesse am Evangelium finden.

Charlotte Steidl, Pressbaum, Österreich

„Judäa“ nicht „Palästina“

Mit großem Interesse habe ich Ihre Zeitschrift gelesen. Ich finde sie sehr gut und freue mich, dass Sie Themen aufgreifen, die sonst gern vermieden werden. Einen Punkt aber möchte ich aufgreifen, bei dem ich meine, dass Sie dort falsch informieren. Es geht um den Artikel über die Säuglingstaufe. Grundsätzlich stimme ich mit Ihrer Position in der Tauffrage überein. Nur auf S. 21 (INFO VERO 02) schreiben Sie über Johannes den Täufer, er taufte im Jordan, und erwähnen dann, dass das in Palästina war. Aber das ist nicht korrekt. Zu jener Zeit hieß die Region nicht Palästina, sondern Judäa bzw. Israel. Es ist das von Gott den Juden verheißene Land! Palästina wurde es erst im Jahr 135 nach Christi Geburt genannt.

Ingo Lahaye, Eschede

Antwort des Autors:

Vielen Dank für Ihre Leserzuschrift. Sie haben mit Ihrem Einwand absolut recht. Es war erst der römische Kaiser Hadrian, der dem Land Israel im Jahr 135 den Namen „Palästina“ gab. Somit wurde dieser Name zur Zeit von Johannes dem Täufer nicht verwendet. Es hätte „Judäa“ oder „Israel“ heißen müssen. Ich bin mir dessen bewusst, dass der israelisch-palästinensische Konflikt ein delikates Thema ist und dass es Personen gibt, für die eine falsche Verwendung von Namen für diese Region eine Beleidigung darstellt. Dies ist besonders dann der Fall, wenn es vor dem Hintergrund einer politisch-religiösen Präferenz geschieht. Was meine Person angeht, gebe ich meinen Fehler gern zu und entschuldige mich für jede Kränkung, die ich damit verursacht haben könnte. Ich bedanke mich für Ihre Offenheit und dafür, dass Sie mich auf diese Angelegenheit aufmerksam gemacht haben.

Jozef D. Astley

Die Redaktion freut sich über Leserbriefe, behält sich jedoch vor, diese redaktionell zu bearbeiten und/oder zu kürzen. Die zum Ausdruck gebrachte Meinung ist nicht unbedingt die der Redaktion.

Der Kampf des Kosmos

Kommen Sie mit auf eine atemberaubende Zeitreise. Erleben Sie, wie sich ein vollkommener Engel in Satan verwandelte, den Urheber alles Bösen – und wie er im Himmel ein Heer von Engeln in eine Rebellion führte!

Werden Sie Zeuge der Erschaffung einer wunderschönen neuen Welt. Erleben Sie mit, wie der Teufel den Planeten Erde mit seiner Rebellion infiziert. Betrachten Sie die Versuchung und den Sündenfall in Eden, und entdecken Sie, wie Gott das Paradies wiederherstellen möchte!

Diese in HD-Qualität aufgenommene Dokumentation stützt sich auf die Bibel. Sie hilft Ihnen, die tiefsten Geheimnisse des Lebens und den Ursprung der Sünde zu verstehen. Wie konnte das Böse in eine von Gott geschaffene vollkommene Welt eindringen? Der Kampf des Kosmos betrifft jeden. Auch Sie!

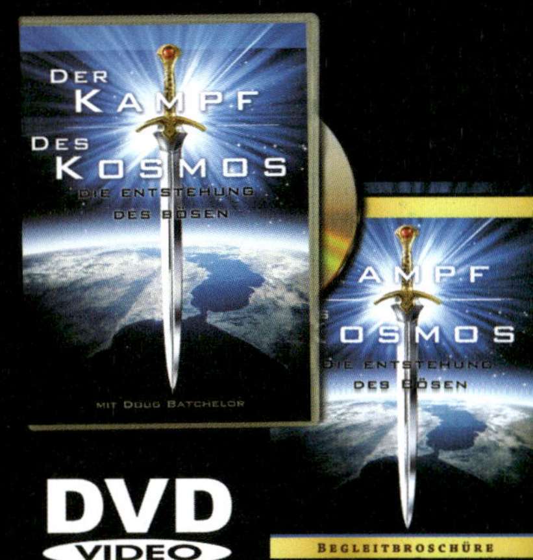

DVD VIDEO

AMAZING RECORDINGS

Die letzten Ereignisse der biblischen Prophetie

DVD VIDEO

Die DVD ***Die letzten Ereignisse der biblischen Prophetie*** enthüllt, was die Bibel wirklich über die Entrückung, das Millennium, die Wiederkunft Christi und vieles mehr sagt. Atemberaubende filmische Darstellungen und Animationen führen den Zuschauer durch die Endzeit bis hin zur Wiederherstellung einer paradiesischen Erde.

Bestellen Sie noch heute diese DVDs (inkl. 48-seitiger Begleitbroschüre) für je 10 € / 13.50 CHF

www.AmazingRecordings.org / info@AmazingRecordings.org / Tel: 0041 34 431 1881

Foto: Marafona/dreamstime

Ähnlich Flugzeugen, die durch Fluglotsen zu einer sicheren Landung auf einem Flughafen gesteuert werden, kommunizieren Blumen mit Hummeln, die auf der Suche nach Nektar sind. Das ist die jüngste Entdeckung des britischen Biologen Daniel Robert von der University of Bristol. Offenbar sind es nicht so sehr Geruch und Farbe, die dem Insekt signalisieren, wo Nektar lockt, sondern ein elektrisches Feld, das die Blumen ausstrahlen und das mit den elektrischen Sensoren der Hummeln Informationen austauscht. Andererseits können die Hummeln anhand dieser elektronischen Signale „lesen", welche Blüten bereits von ihren Wettbewerbern „abgeerntet" sind. So sparen sie Energie, indem sie unnötige Anflüge vermeiden. „Wir hatten keine Ahnung, dass dieser Sinn [bei Hummeln] existiert", meint auch Thomas Seeley, ein Verhaltensbiologe der Cornell University in Ithaca, New York. „Wenn sich diese Untersuchungsergebnisse bestätigen, öffnet sich eine Tür für das [weitere] Studium von Wahrnehmungssystemen bei Insekten." Nun will man auch andere Insekten in Bezug auf ihre elektronischen Fähigkeiten untersuchen. (Quelle: Matt Kaplan/*Nature*/*Science*/*NPR*/gp)

INFO VERO *Natur*

Foto: Holger Geller/dreamstime

Foto: Howard Sandler/dreamstime

Die Wasserfälle von Igazú gehören seit November 2011 zu den „Neuen Sieben Weltwundern der Natur“. Nach Angaben der Schweizer Stiftung *New Seven Wonders of the World* hatten sich über 100 Millionen Personen an einer entsprechenden (nicht repräsentativen) Wahl beteiligt. (Die anderen Naturwunder sind der Amazonas-Regenwald, die Insel Jeju in Südkorea, die Bucht von Halong in Vietnam, der unterirdische Fluss von Puerto Princesa auf den Philippinen, die Komodo-Insel in Indonesien und der Tafelberg in Südafrika.) Die Igazú-Fälle – die nach dem Igazú-Fluss benannt sind, der die Grenze zwischen Brasilien und Argentinien bildet – sind 60-82 m hoch und 2,7 km breit. Allerdings gibt es 900 m, über die kein Wasser fließt. Durchschnittlich stürzen hier 1.746 Kubikmeter Wasser pro Sekunde in die Tiefe; in Spitzenzeiten sind es sogar bis zu 12.800 Kubikmeter. Als die amerikanische First Lady Eleanor Roosevelt seinerzeit die Wasserfälle das erste Mal erblickte, soll sie ausgerufen haben: „Arme Niagara-Fälle!“ Doch so arm sind die Niagara-Fälle (kleines Foto) auch nicht: Sie mögen zwar um rund ein Drittel weniger hoch sein (50 m), haben jedoch mit 2.400 Kubikmetern pro Sekunde (und maximal 8.300) die größere durchschnittliche Wassermenge. Die dritten großen Wasserfälle, die Viktoriafälle (Zimbabwe/Zambia, 108 m hoch), können für sich den größten zusammenhängenden Wasservorhang in Anspruch nehmen. (Quelle: Wikipedia/gp)

Foto: Henry Stober

INFO VERO *Erde*

INFO VERO *Religion*

Der Drache ist eine sagenhafte Figur, die in vielen Kulturen vorkommt. Grundsätzlich unterscheidet man zwischen der chinesischen Drachenfigur – mit Unterformen in Japan, Korea und anderen asiatischen Ländern – und der europäischen. Während der chinesische Drache (großes Foto) eher einer Schlange ähnelt, hat der europäische Drache meist Flügel (kleines Foto, Ljubljana, Slowenien). Frühe Erwähnungen des Drachen finden sich bereits im Alten Testament, im Gilgamesch-Epos und der griechischen Mythologie. „Bin ich denn das Meer oder der Drache, dass du eine Wache gegen mich aufstellst?" fragt Hiob den Allmächtigen im ältesten Buch der Bibel (Hiob 7,12). Die Bibel verwendet das Bild des Drachen auch als Symbol in der Prophetie. Dort steht der Drache für Satan oder den Teufel, der vor seiner Rebellion gegen Gott als besonders schöner und intelligenter Engel namens Luzifer am Thron Gottes gedient hatte, dann aber mit seinen Anhängern auf die Erde verbannt wurde. In der Offenbarung, dem jüngsten Buch der Bibel, heißt es: „Und es wurde hinausgeworfen der große Drache, die alte Schlange, die das heißt: Teufel und Satan, der die ganze Welt verführt, und er wurde auf die Erde geworfen, und seine Engel wurden mit ihm dahin geworfen." (12,9) Eine Theorie bezüglich des Ursprungs der weltumspannenden Drachenlegenden besagt, dass es sich bei dem Drachen (Leviathan? Jesaja 27,1) um Dinosaurier handeln könnte, die vor ein paar tausend Jahren ausstarben. (Quelle: Wikipedia/gp)

Foto: Markspickz/dreamstime

& Gesellschaft

Foto: Ravindran John Smith/dreamstime

Anti-Evolutions-Beweise systematisch unterdrückt

Praktisch alle naturhistorischen Museen dieser Welt unterdrücken bei ihren Dinosaurier-Ausstellungen Fossilien von „jüngeren“ Tieren wie Papageien, Eulen, Enten, Igeln – und menschlichen Fußabdrücken, die an denselben Stellen und in denselben Schichten entdeckt wurden. Das behaupteten kürzlich die Autoren von *Living Fossils*, einer Dokumentation, die von *Cornerstone Television Network* ausgestrahlt wurde. Nach dem Stand der Wissenschaft – sprich: der Evolutionstheorie – sollen Dinosaurier viele Millionen Jahre vor diesen modernen Lebewesen, also in einer anderen Entwicklungsstufe, existiert haben. Da die Funde nicht mit dieser Sicht übereinstimmen, wurden sie einfach unterschlagen, nach dem Motto: „Es kann nicht sein, was nicht sein darf.“

Auch das gemeinsame Auftreten von Mammutfossilien und menschlichen Knochen auf dem amerikanischen Kontinent passte nicht in das Bild der Wissenschaft. Die geht nämlich von einer deutlich späteren Besiedlung Amerikas durch Menschen aus. So wurden an der Küste von Vero Beach (an der Ostküste Floridas) bereits zu Beginn des 20. Jahrhunderts bei der Entdeckung von Mammutfossilien auch menschliche Fossilien gefunden. Erst jetzt analysierten Archäologen der University of Florida die Entdeckungen. In beiden Fällen zeigt sich, wie stark Wissenschaften, die sich mit den Ursprüngen und der weit zurückliegenden Vergangenheit beschäftigen, von Ideologien und Vorurteilen bestimmt werden. Übrigens wurden Wissenschaftlern, die bei der Unterdrückung konträrer Funde nicht mitmachen wollten, Nachteile für ihre Karriere angedroht. (Quelle: Mark Norell/ *Cornerstone Television Network*/Audio Visual Consultants Inc./ Brian Thomas/Institute for Creation Research/gp)

Photo: Corey A. Ford/dreamstime

Photo: Akvdanil/dreamstime

Evolutionstheorie unter Druck

Die Zahl jener Menschen, die noch an die Evolutionstheorie glauben, ist eher rückläufig – jedenfalls in den USA. Das bestätigte eine Gallup-Umfrage aus dem Jahr 2012. Danach glauben 46 % aller Amerikaner, dass Gott die Welt und den Menschen geschaffen habe, und zwar innerhalb der letzten 10.000 Jahre. Im Jahr 1982 hatten bei einer ähnlichen Umfrage 44 % angegeben, der kreationistischen Erklärung der Ursprünge statt der Darwin'schen zu glauben. Dieser Trend wird übrigens bestätigt durch statistische Werte aktueller Google-Suchen sowie Amazon-Verkaufszahlen für entsprechende Bücher.

In der aktuellen Gallup-Umfrage gaben lediglich 15 % der Befragten an, sie glaubten in Bezug auf die Entstehung der Welt an einen atheistisch-evolutionären Prozess. Carl Gallups ist von dieser Entwicklung nicht überrascht. Er ist Autor des Buches *The Magic Man in the Sky: Effectively Defending the Christian Faith* [Der Wundermann am Himmel: Wie man den christlichen Glauben wirksam verteidigt]. Die Menschen glauben immer weniger an „die pseudowissenschaftliche Erklärung der Evolution, die von der Wissenschaft als absolute, bestätigte Wissenschaft ausgegeben wird", sagte er in einem Gespräch mit WND, einem unabhängigen U.S.-Nachrichtendienst. „Viele grundlegende Themen der Evolutionstheorie entsprechen einfach nicht der Definition einer ‚bestätigten Wissenschaft'. Ich glaube, die meisten Menschen sind intelligent genug, das für sich selbst herauszufinden."

Weiter meinte er: „Wir sind weit gekommen seit den Tagen Darwins. Er ist damals noch mit Pferdekutsche und Segelschiff gereist. Seit den Tagen der *HMS Beagle* ist die technologische Entwicklung durch die Decke gegangen. … [Heutzutage] verstehen wir auch die äußerst geringe statistische Wahrscheinlichkeit, dass sich alle 20 Millionen Arten mit ihren Untersystemen und Unter-Untersystemen – sowie deren notwendige Abhängigkeit voneinander – alle gleichzeitig und durch einen Zufall entwickelt haben können – nämlich durch eine magische, nicht beobachtete und nie wiederholte Ursuppe. Das nämlich wollen uns die Evolutionisten weismachen."

Eine ähnliche Entwicklung zu Ungunsten der Evolutionstheorie ist auch in Südkorea zu beobachten. Viele Verlage haben jetzt in den neueren Ausgaben ihrer Schulbücher für den Biologieunterricht an High-Schools Beispiele zugunsten der Evolutionstheorie entfernt. Dies bestätigte kürzlich das dortige Ministerium für Bildung, Wissenschaft und Technologie (MEST). Die Veränderung der Textbücher geht zurück auf eine entsprechende Petition der *Society for Textbook Revise* (STR), einer Gesellschaft, zu der angesehene Biologieprofessoren und Biologielehrer gehören. Laut ihrer eigenen Website sei es das Ziel der STR, den Irrtum der Evolutionstheorie aus den Schulbüchern zu entfernen und das Weltbild von Studenten und Schülern zu korrigieren. (Quelle: WND/*Nature*/gp)

Photo: Cathy Keifer/dreamstime

LED-Wissenschaftler lernen von Glühwürmchen

Biochemischer Prozess, Effizienz und Strahlungstechnik von Glühwürmchen bzw. Leuchtkäfern – auch als Johanniskäfer bekannt – sind Gegenstand umfangreicher Studien der modernen Lichttechnik. Die kleinen Insekten verwenden einen chemischen Prozess, der als Biolumineszenz bezeichnet wird. Bei diesem wird Energie in Licht umgewandelt. Dieses im Unterkörper erzeugte Licht benutzt das Glühwürmchen im Larvenstadium, um Angreifern zu signalisieren, dass sein Fleisch giftig ist, und im geschlechtsreifen Zustand, um paarungswillige Partner anzulocken. Für die Erzeugung von Enzymen, Magnesium, Sauerstoff und Energie verwendet das Insekt übrigens den kleinsten „Motor" der Welt (ATP). (Quelle: Jonathan D. Sarfati/Creation Ministries International/gp)

Diabetes und Schlafen

Menschen, die zu wenig und unregelmäßig schlafen, haben laut einer amerikanischen Untersuchung ein erhöhtes Risiko, übergewichtig zu werden und an Diabetes Typ 2 zu erkranken. Das berichtet die Zeitschrift *Science Translational Medicine*. Zu wenig Schlaf könne dazu führen, dass die Bauchspeicheldrüse weniger Insulin bilde und sich Zucker im Blut ansammle. Die gute Nachricht: „Die Auffälligkeiten, die dem Schlafmangel und dem gestörten Schlafrhythmus geschuldet waren, verschwanden wieder, sobald die Probanden neun Tage regelmäßig und ausreichend geschlafen hatten." „Es ist erwiesen", schreibt Orfeu Buxton vom Brigham and Women's Hospital, Boston, der Leiter der Untersuchung, „dass ausreichender Schlaf wichtig für die Gesundheit ist und dass die beste Zeit zum Schlafen nachts ist." (Quelle: focus.de)

Australisches Fossil hat komplexes Auge

Bei der Untersuchung von Fossilien, die angeblich 515 Millionen Jahre alt sind, stieß der australische Paläontologe Jim Jao zufällig auf ein Auge, wie es sonst nur bei heute lebenden Insekten und Krustentieren vorkommt. Das auf Kangaroo Island gefundene Organ gehört offenbar zu einer Garnelenart. (Quelle: *Nature*/*The Advertiser*/*Herald Sun*/gp)

Photo: Dona Tand/dreamstime

BIONIK

VON DER NATUR LERNEN

von Michaela Herzer

Foto: Denis Trofimov/dreamstime

Wissenschaftler und Ingenieure greifen immer öfter in den „Werkzeugkasten Gottes“

Hummeln könnten unmöglich fliegen – jedenfalls streng wissenschaftlich gesehen. Zu diesem Schluss kam im Jahr 1934 der französische Wissenschaftler Antoine Magan.[1] Er hatte alles genau durchgerechnet: „Die Gesetze der Aerodynamik erlauben es nicht, bei einem Gewicht von 1,2 g und einer

Foto: Stocksnapper/dreamstime

Flügelfläche von nur 0,7 Quadratzentimetern" so langsam zu fliegen wie Hummeln. Der Flug dieser Insekten war lange Zeit ein Rätsel für Wissenschaftler. Die klassische Aerodynamik muss sich wohl geirrt haben. Ihre Prinzipien und Erkenntnisse können offenbar nicht 1:1 auf Insekten übertragen werden. Bei diesen kleinen Objekten verhält sich die Luft anders als bei großen: Es treten andere Strömungseffekte auf.

In den letzten Jahrzehnten haben sich Wissenschaftler intensiv mit dem Flug von Insekten auseinandergesetzt. Mit Hilfe von Hochgeschwindigkeits-Kameras und Lasern konnten sie herausfinden, dass die Insektenflügel nicht steif, sondern elastisch sind. Während des Fluges bilden sich zahlreiche Wirbel, die den Auftrieb an den Tragflächen steigern. Auf dieser Erkenntnis aufbauend haben Ingenieure für Miniaturfluggeräte die eine oder andere ihrer Konstruktionen neu durchdacht.

Doch es sind nicht nur Flugzeugingenieure, die von der Natur lernen. Auch Wissenschaftler anderer Disziplinen begreifen in zunehmendem Maße, dass die Natur eine breite Palette an erstaunlichen Lösungen für technische Probleme bereit hält. Aus dieser Einsicht heraus hat sich eine neue Disziplin entwickelt: die Bionik. Der Begriff ist ein Kunstwort, zusammengesetzt aus BIOlogie und TechNIK.

In der Bionik angesiedelt ist auch die Entwicklung des Klettverschlusses – meist unter dem Namen „Velcro" bekannt. Der Schweizer Ingenieur George de Mestral hatte sich Gedanken

Der praktische Klettverschluss – auch unter dem Namen „Velcro" bekannt – ist ein typisches Beispiel dafür, wie wir von der Natur lernen können.

gemacht, warum Kletten hartnäckig an der Kleidung oder im Fell eines Tieres hängen bleiben. Nach näherer Untersuchung ihrer Funktionsweise erkannte er den Grund für diese Fähigkeit: kleine elastische Häkchen. Daraufhin baute er eine Art „technische Klette". Er tat dies, indem er das Funktionsprinzip – eine Vielzahl kleiner flexibler Haken und Ösen – zu einem Verschlusssystem weiterentwickelte. Der Klettverschluss, wie wir alle wissen, lässt sich schneller und leichter schließen und öffnen als ein herkömmlicher Reißverschluss. Das war die Geburtsstunde einer Idee, die sich inzwischen weltweit unter dem Namen Velcro durchgesetzt hat. Mittlerweile wurde an der Technischen Universität München ein stählerner Klettverschluss entwickelt, der bis zu 35 Tonnen pro Quadratmeter halten kann.

Die Bionik ist ein junges interdisziplinäres Wissenschaftsgebiet, in dem Forscher aus zahlreichen Fachgebieten ihre Erkenntnisse zusammentragen. Ziel ist, die Natur besser zu begreifen und von ihr zu lernen. Denn nur wer die Phänomene in der Natur verstanden hat, kann sie auch in die Technik übertragen.

Grundsätzlich kommen dabei zwei Vorgehensweisen in der Bionik zur Anwendung: 1. die Abstraktionsbionik, die auf der Erforschung des einzelnen Organismus beruht. 2. die Analogie-Bionik. Bei diesem Ansatz wird in der Natur gezielt nach Lösungen für bestehende Probleme gesucht.

Die Abstraktionsbionik

Ausgangspunkt der Abstraktionsbionik, die dem sogenannten „Bottom-Up-Prinzip" (von unten nach oben) folgt, ist die Grundlagenforschung. Dabei wird ein Organismus analysiert, ohne an eine mögliche Verwertbarkeit zu denken. Viele bahnbrechende Neuerungen – so auch der Klettverschluss – haben hier ihren Ausgang genommen. Ein weiteres Beispiel ist der Lotuseffekt. Er ist durch einen Bottom-Up-Prozess entstanden, denn am Anfang stand die reine Beobachtung. Man hatte festgestellt, dass sich bestimmte Pflanzen selbst reinigen. Zu ihnen gehört auch der Lotus. Seine Blätter sind stark wasserabweisend, sie sind superhydrophob, wie es in der Sprache der Wissenschaft heißt.

Foto: Momentsintime/dreamstime

Der Schweizer Ingenieur George de Mestral hatte sich darüber Gedanken gemacht, warum Kletten so gut an Kleidung und Tierfellen haften bleiben. Das führte zu seiner Erfindung von Velcro.

Bei näherer Betrachtung der Blattoberfläche stellte sich heraus, dass diese nicht etwa besonders glatt ist, im Gegenteil: Sie ist ausgesprochen rau. Auf der Oberfläche befinden sich winzige noppenartige Erhebungen aus Wachs. Fällt nun ein Wassertropfen darauf, haftet er nur auf diesen Erhebungen. Die Täler dazwischen bleiben unberührt. Dadurch hat der Wassertropfen eine geringe Auflagefläche. Entsprechend schlecht haftet er am Blatt. Da die Schmutzpartikel mit den Wassertropfen verbunden sind, transportiert das abperlende Wasser den Schmutz beim Abfließen mit sich. So wird die Blattoberfläche auf elegante Weise gereinigt.

Auch andere Pflanzen haben wasserabweisende Blätter. Doch nicht immer geschieht die Reinigung bzw. der Abtransport des Wassers mit Hilfe von Noppen. Der Frauenmantel etwa erreicht den Effekt durch eine Vielzahl kleinster Härchen. Auch diese bieten dem Wassertropfen nur wenige Kontaktstellen. Auf diese Weise haben sämtliche Wassertropfen eine geringe Auflagefläche. Sie können nicht gut am Blatt haften. Die moderne Nanotechnologie[2] nutzt dieses Wissen, um Alltagsgegenstände mit einer selbstreinigenden

Foto: Luckynick/dreamstime

Foto: Wikimedia

Die Lotuspflanze mit ihren großen Blättern ist von Natur aus Schmutz abweisend. Ihre Technik wird jetzt auch bei Haushaltsgegenständen und Baustoffen – etwa Dachziegeln – verwendet.

Foto: Jerryway/dreamstime

Der Nebeltrinker-Käfer könnte den Weg in eine höchst effiziente Technik zur Gewinnung von Trinkwasser in Trockenregionen weisen. In der Namib-Wüste, wo es Feuchtigkeit nur in Form von gelegentlichen Nebelschwaden gibt, nutzt er sein Hinterteil, um das kostbare Nass aufzufangen und zu sammeln.

Foto: Lucidwaters/dreamstime

Oberfläche auszustatten, beispielsweise Gegenstände aus Keramik, Fassadenfarbe, Gläser. Selbst manche Dachziegel werden heutzutage mit dieser neuen Technik ausgestattet, einer Technik, die sich die Lotuspflanze zum Vorbild nahm.

Aus der Abstraktionsbionik hervorgegangen ist auch eine andere Erfolgsgeschichte. Sie basiert auf den besonderen Eigenschaften des Nebeltrinker-Käfers. Dieses ungewöhnliche Insekt kommt in der Namib-Wüste im südwestlichen Afrika vor. Jahrzehnte dauernde Trockenperioden machen diese Gegend zu einem der trockensten Gebiete der Erde. Oft besteht die einzige Feuchtigkeit aus einem morgendlichen Nebel, der vom nahegelegenen Meer in die Wüste zieht.

Der Käfer sammelt nun geringe Mengen Feuchtigkeit des morgendlichen Nebels auf seinem Rücken. Dazu krabbelt er auf eine Düne und reckt sein Hinterteil in einem Winkel von 45 Grad in die Luft. Seine mit etwa 0,5 mm großen Noppen bedeckten Flügel zeigen dabei in den Wind. Nach kurzer Zeit bilden sich an den Noppen winzige Wassertropfen, die nicht größer als 40 Mikrometer sind. Die Spitzen dieser Noppen sind wasseranziehend. Die Täler zwischen den Noppen und die Seiten dieser Erhebungen sind von einer Wachsschicht bedeckt und damit wasserabweisend. Die anfänglich kleinen Tropfen verschmelzen beim Nebeltrinker-Käfer zu immer größeren Tropfen. Hat ein Tropfen einen Durchmesser von etwa fünf Millimetern erreicht, fließt er den Rücken des Käfers hinab und direkt in seinen Mund.

Ein einfaches Prinzip. Es könnte irgendwann in der Zukunft auch Menschen in trockenen Regionen helfen, zu frischem Trinkwasser zu kommen. Erste kommerzielle Nutzungen sind bereits in Planung.

Das Anwendungsspektrum der bionischen Erkenntnisse reicht von

Foto: Juan Jose Tugores Gaspar/dreamstime

Foto: Brian Kushner/dreamstime

Die Flügel der Vögel bestehen fast nur aus Federn. Diese „fangen" die Luft in ihren zahlreichen Hohlräumen ein.

Antibeschlag-Beschichtungen bis hin zu wassersammelnden Materialien, wie sie etwa bei der Herstellung von Zelten für Flüchtlingslager verwendet werden könnten. Mit dem *Airdrop* wurde ein Bewässerungssystem für Pflanzenwurzeln entwickelt, das direkt auf den Nebeltrinker-Käfer zurückgeht. Außerdem existiert bereits der Prototyp einer selbst-füllenden Wasserflasche. Bei diesem Modell können innerhalb von nur einer Stunde je nach Umgebung zwischen 0,5 und drei Litern Wasser aus der Luft gesammelt werden. Schon in naher Zukunft könnten beispielsweise Ökohäuser mit dieser Technologie ausgestattet werden.

Analogie-Bionik

Ingenieure schauen der Natur gern über die Schulter, wenn sie technische Probleme haben. In der Analogie-Bionik wird ein sogenanntes „Top-Down-Prinzip" (von oben nach unten) angewendet. Zur Lösung eines technischen Problems suchen sie systematisch nach ähnlichen Problemen in der Natur. Wenn sie dort Lösungsansätze gefunden haben, werden jene untersucht, die den größten Erfolg versprechen. Aus ihnen werden dann technische Anwendungen abgeleitet. Dieses Vorgehen ist typisch für die Analogie-Bionik (das Top-Down-Prinzip).

Ein Beispiel hierfür ist der Leichtbau. Ob im Auto oder im Handy, bei Gebäuden oder Maschinen: Viele Bauteile müssen so leicht wie möglich gestaltet sein und bestimmten Anforderungen an Stabilität und Sicherheit bei der Nutzung genügen. Es nützt nichts, wenn wir einen Sonnenschirm haben, der zwar leicht ist, aber beim ersten Windhauch verbiegt. Oder einen, der zwar stabil ist, aber zu Hause gelassen wird, weil er zu schwer ist – oder gar nicht erst gekauft wird, weil er zu teuer ist. Es geht auch um die Einsparung von Materialkosten und Gewicht bei gleichzeitiger Funktionstüchtigkeit.

In der Bionik hat man verstanden: Die Natur passt „ihre Bauteile" – Knochen, Äste und Gewebe – im Wachstum an die gegebenen Bedingungen an. So wird ein Baum an den Stellen, die vom Wind besonders stark beansprucht werden, sein Holz besonders verstärken und, wenn nötig, zusätzliches Material zur Verstärkung produzieren. Mithilfe eines computergestützten Optimierungsverfahrens (CAO: Computer Aided Optimization) simulieren Bioniker diesen Wachstumsprozess. Auf diese Weise können sie hohe Spannungen durch ein „natürliches Wachsen" des Bauteils verringern, gleichzeitig aber die Festigkeit steigern.

Analog zum Aufbau von Material gibt es die Lösungsrichtung, bei der es um den Abbau von Material geht. So werden Knochen bei Menschen und Tieren ständig auf- oder abgebaut. Sie passen sich – über eine gewisse Zeitspanne – neuen Anforderungen an. Der Auf- bzw. Abbau erfolgt dabei nicht wahllos. Während der Aufbau vornehmlich an jenen Stellen stattfindet, die mehr belastet werden, wird Material, bildlich gesprochen, dort herausgenommen, wo es keine tragende Funktion (mehr) hat. Oftmals verbleibt im Inneren des Knochens nur ein Gewirr an Streben. Auch dieser Vorgang kann

Wahrscheinlich war ein Luftabriss die Ursache für Otto Lilienthals tödlichen Absturz.

Foto: Darius Baužys/dreamstime

Foto: Wikimedia

Die Libellen – das Foto zeigt die Wasserjungfer – stellen eine besondere Meisterleistung der Luftfahrttechnik dar. Das Gewicht ihrer Flügel macht gerade einmal 1-2 % ihres Gesamtkörpergewichts aus. Erst spät hat man die Funktion einer Falte an der Vorderseite ihrer Flügel erkannt. Heute werden Miniaturfluggeräte (MAV) nach ihrem Vorbild gebaut.

am Rechner simuliert werden[3] – oft mit verblüffenden Endresultaten, die wie natürlich gewachsen wirken.

Ein gutes Beispiel für die geniale Leichtbauweise der Natur ist der Vogelflügel. Schon früh träumten Menschen von der Möglichkeit zu fliegen. Auch Leonardo Da Vinci, Otto Lilienthal und die Gebrüder Wright arbeiteten an der Verwirklichung dieses Traums. Dabei haben sie sich viel von den Vögeln abgeguckt. Besonders der Aufbau des Flügels war von Interesse, er wird fast ausschließlich von Federn gebildet, die Luft in den zahlreichen Hohlräumen „einfangen“.

Und wie ist es bei Insekten? Auch sie sind „Meister der Luftfahrt“, wie die Hummeln beweisen. Und wie ist es bei Libellen? Bei der Wasserjungfer macht der Flügel gerade einmal 1-2 % der gesamten Körpermasse aus! Ebenso wie ihr Körperpanzer bestehen die Flügel aus Chitin. Ein wahres Wunder schöpferischer Ingenieurskunst: Die Tragflächen werden aus einem dichten Netz versteifter Längs- und Queradern gebildet. Sie sind durch Zwischenflächen verbunden. Diese wiederum sind gerade einmal 1-3 Mikrometer dick. Eine Rahmenader umspannt den gesamten Flügel. Besondere Stabilität erhält er durch seine Längsadern.

Libellenflügel bestehen nicht aus ebenen Flächen oder Platten, sie sind insbesondere an den Vorderkanten gefaltet. Diese „tierischen Wellbleche“ verleihen dem Flügel zusätzliche Stabilität. Scheint ein geknicktes Flügelprofil auf den ersten Blick ein denkbar ungünstiger Tragflügel zu sein, erweist er sich bei näherer Untersu-

Foto: Dvmsimages/dreamstime

Das Perlmutt besteht aus einer Vielzahl sogenannter Aragonitplättchen. Sie sind durch hauchdünne Polymerschichten miteinander verklebt. Dadurch ist das Material zugleich hochfest und elastisch.

chung als das genaue Gegenteil. In den Profiltälern zwischen den Knicken entstehen rotierende Wirbelwalzen, die am Profil haften und die Flügelgeometrie „virtuell" glätten. Die umgebende Luft strömt über die Wirbelwalzen am Flügel entlang. So entsteht ein „klassisches" technisches Flügelprofil – erbaut aus Luft! Durch die Wirbel wird die Strömung durch einen entstehenden Unterdruck zudem länger am Flügel gehalten, gefährliche Strömungsabrisse mit Auftriebsverlust werden vermieden. Denn gerade sie haben schon so manchen von Menschen gemachten Flieger zum Absturz gebracht. Man vermutet, dass Otto Lilienthals tödlicher Absturz auf einen solchen Strömungsabriss zurückzuführen ist.

Die Erkenntnisse über das Flugverhalten von Insekten war Grundlage für die Entwicklung neuartiger Miniaturfluggeräte, sogenannter MAV (Micro Air Vehicles). Sie werden militärisch genutzt, helfen aber auch bei der Erkundung von Gelände und bei der Rettung von Menschenleben in unwegsamen Gebieten.

Ein immenses Innovationspotenzial für die heutige Wissenschaft und Technik steckt auch in scheinbar „primitiven" Bakterien. Wollte man in der Natur eine Bauanleitung für „moderne" Elektromotoren finden, hier würde man fündig werden. Die sogenannten Geißeln – das sind fadenförmige Fortsätze an der Oberfläche der Zelle, auch Flagellen genannt –, mit deren Hilfe sich viele Bakterien fortbewegen, werden durch einen Motor angetrieben. Vergleicht man die winzigen Bakterienmotoren mit mechanischen Motoren, die von Menschen entwickelt wurden, stellt man fest: Das Funktionsprinzip ist grundsätzlich das gleiche. Doch der Jahrtausende alte Bakterienmotor ist weitaus effizienter als der mechanische. Sein Wirkungsgrad liegt bei fast 100 %!

Bei der Bionik geht es nicht nur um das Verstehen der grundlegenden Prinzipien der Natur, sondern auch um deren Übertragung auf die Technik. Biologische Werkstoffe bestehen nicht einfach nur aus einem „Klotz Metall". Vielmehr sind sie heterogen, haben lokal angepasste chemische und physikalische Eigenschaften, sind multifunk-

Foto: Edurivero/dreamstime

tional und hierarchisch aufgebaut.

Schaut man in die Natur, erkennt man eine Struktur von übergeordneten und untergeordneten Einheiten. Zellen bilden Gewebe, Gewebe bilden Organe usw. Bereits die Zellen bestimmen maßgeblich über die Eigenschaften des endgültigen Organs. Pflanzenzellen variieren in Form, Größe, Zellwanddicke, Zellwandstruktur und chemischer Zusammensetzung. Auch ohne Mikroskop sind beispielsweise Früh- und Spätholz, aus denen die Jahresringe bestehen, gut voneinander zu unterscheiden. Bisher ist es nur selten gelungen, das Geheimnis dieser lokalen Anpassungsfähigkeit biologischer Werkstoffe in die Technik zu übertragen.

Von einer Ebene zur nächsten kann sich das Materialverhalten völlig verändern. So besteht beispielsweise das Perlmutt der Perlen aus einer Vielzahl sogenannter Aragonitplättchen. Das sind spröde Einzelkristalle aus Kalziumkarbonat. Sie haben eine Stärke von 50 bis 500 Nanometern und können bei zu starker Belastung brechen. Diese Kristalle sind mit einer 20 bis 250 Nanometer dicken Polymerschicht, einer Art Leim, miteinander verklebt. Im Gegensatz zu harten Aragonitplatten ist diese Klebeschicht zäh und verformt sich unter Belastung. Dadurch werden Spannungen, die beispielsweise bei einem Schlag im Material auftreten und Brüche hervorrufen können, besser verteilt. Auf diese Weise wird verhindert, dass sich Risse im Perlmutt ausbreiten. Hohe Spannungen, die Risse verursachen könnten, werden einfach nicht mehr erreicht. Durch das Zusammenfügen zweier gegensätzlicher Materialien gelingt es, aus einem harten, aber spröden Grundmaterial, dem Aragonit, ein hartes, aber viel zäheres Perlmutt herzustellen.

Eine andere Frage, die Bioniker und andere Wissenschaftler beschäftigt, lautet: Warum knicken Getreidehalme – etwa beim Weizen –, die am Kopf mit schweren Ähren beladen sind, nicht einfach um? Die Antwort auf diese

Den Riesenschnabel des Tukan haben sich die Bioniker besonders genau angesehen. Er ist zum Vorbild für so manche Leichtbautechnik geworden.

Foto: Henry Stober

Foto: Andrey Pavlov/dreamstime

Bei ihrer Futtersuche versprühen Ameisen (die übrigens keine Anführer oder Manager haben) Duftstoffe. Diese veranlassen andere Ameisen, den gleichen Weg einzuschlagen. Je stärker es duftet, desto richtiger bzw. kürzer ist der Weg.

Frage könnte manchem Architekten beim Bau kühner Hochhauskonstruktionen helfen. Tatsächlich weisen Pflanzen immer häufiger den Weg zu neuartigen Faserverbundwerkstoffen. Es wurden bereits technische Halme entwickelt. Hierbei steht nicht so sehr die alte Idee im Vordergrund, Materialien mittels Fasern zu verstärken, als vielmehr von der Pflanze zu lernen, wie ein optimal gestalteter Verbundwerkstoff aussieht. Pflanzenfasern werden nicht einfach in eine Matrix, einen Trägerwerkstoff, eingebettet. Vielmehr gleicht sich die Matrix den Eigenschaften der Fasern an. Es entsteht ein gradueller Übergang zwischen den zwei „reinen" Materialien. Fasern und Matrix können optimal zusammenwirken. Auch die Anordnung der Fasern beeinflusst Eigenschaften des Verbundes. Sie bestimmt, wie steif ein Stängel ist und wie er auf Belastungen wie Wind reagiert.

Einen bestimmten Vogel haben sich Bioniker besonders genau angesehen: den Tukan. Er lebt in den Regenwäldern Mittel- und Südamerikas und hat einen riesigen Schnabel. Dieser macht fast ein Drittel der gesamten Körperlänge aus. Dennoch ist er außerordentlich leicht. Er wiegt nur ein Zwanzigstel seines Gesamtkörpergewichts. Die Dichte des Materials, aus dem er besteht, beträgt somit nur 0,1 g pro Kubikzentimeter. Dennoch ist der Schnabel fest genug, um größere Früchte auszupressen, um an den Saft zu kommen.

Die Außenhaut des Schnabels besteht aus einer schützenden Keratinschicht. Auch sie besteht aus einzelnen Keratinplättchen, die in eine Matrix eingebettet sind. Der Innenraum des Schnabels wird von einer komplexen Schaumstruktur und einem Hohlraum gebildet, die lediglich 21 % des Schnabelgewichtes ausmachen. Knochenähnliche Streben werden durch keratinähnliche Membranen verbunden. Die geschlossene Wabenstruktur wiederum weist eine Dichte von nur 0,05 g pro Kubikzentimeter auf.

Man hat nun festgestellt, dass der Tukanschnabel ein besonders guter Stoßdämpfer ist. Bei einem extremen Stoß verformen sich die Streben und brechen. Das mag an sich noch nicht außergewöhnlich sein. Einfacher Schaumgummi verformt sich ja auch, wenn auf ihn eine Kraft einwirkt. Beim Tukan ist es jedoch so, dass sich die Kombination von Keratinhülle und Schaumkern gegenseitig ergänzt. Wirken beide Materialien zusammen,

Foto: Endostock/dreamstime

In der Logistik, in der es u. a. um optimale Transportwege geht, versucht man von der Ameise zu lernen.

wird der Verbund zusätzlich verstärkt. Er ist fester und steifer, denn der innere Schaum verhindert ein Verbiegen der Keratinhülle. Dieser Effekt der gegenseitigen Verstärkung wird Synergie genannt. Er ist in biologischen Materialien häufig anzutreffen.

Längst ist die Bionik auch in anderen Forschungszweigen angelangt – etwa in der Neurologie, der Computertechnik und sogar in der Wirtschaft. So sind neuronale Netze und genetische Algorithmen inzwischen feste Bestandteile computergestützter Lösungen für eine Vielzahl von Problemstellungen. Dabei werden die Daten nach ihren jeweiligen biologischen Vorbildern verarbeitet. So sorgt die Wirtschaftsbionik in Unternehmen für eine effektive Logistik. Dies geschieht etwa nach dem Vorbild der Ameise, die sich selbst organisiert. Ameisen haben weder einen Hauptmann noch einen Herrscher. Während ihrer Futtersuche hinterlässt jede Arbeiterin eine Duftstoffspur aus Pheromonen. Diese veranlassen andere Ameisen, den gleichen Pfad einzuschlagen. Da von den meisten Arbeiterinnen der kürzeste Weg zur Futterstelle genommen wird und der Pheromongehalt auf diesem Pfad entsprechend höher ist, schlagen immer mehr Ameisen diesen Weg ein. Auf diese Weise entsteht eine typische Ameisenstraße, d. h., ein optimaler Weg vom Nest zur Futterquelle. Sogenannte Ameisen-Algorithmen in der Wirtschaft greifen dieses Prinzip auf und wenden es auf eine Reihe von Problemen in Unternehmen an. Nicht nur Transport-Routen können so schnell und flexibel angepasst werden; auch der Datentransfer im Netz, der Personaleinsatz und vieles mehr lässt sich so am Rechner effizient optimieren.

Foto: Kheng Ho Toh/dreamstime

Die Liste an Beispielen ließe sich fortsetzen. Immer häufiger greifen Ingenieure, Architekten und Naturwissenschaftler auf Ideen zurück, die sie der Natur abgeguckt haben. Es stellt sich daher die Frage: Kann es sein, dass die Natur intelligenter ist, als wir bisher dachten? Und: Wie kommt es, dass die Natur so intelligent ist? Waren Jahrmillionen lange Prozesse der Auslese und das Überleben des Stärkeren die Ursache so vieler genialer Lösungen in der Natur? Oder gibt es vielleicht doch eine Intelligenz hinter dieser Genialität? Man könnte es „intelligent design" nennen. Für Christen ist es Gott, der die Welt und die Natur mit all ihren intelligenten Erscheinungsformen geschaffen hat. Für sie ist die Bionik ein Griff in den Werkzeugkasten Gottes.

1 Vgl. Antoine Magan, *Le Vol des Insectes*, 1997. **2** Die Nanotechnologie befasst sich mit Technik im kleinsten Maßstab (ein Nanometer ist ein Milliardstel Meter). **3** Diese Methode wird SKO (Soft Kill Option) genannt.

Michaela Herzer, B.Sc. in Bionik (Hochschule Bremen) studiert z. Z. an der Hochschule Rhein-Waal in Kleve. Ihr Ziel: Bachelor of Arts in Journalismus und Bionik sowie Master of Science in Bionik.

FUNDAMENTALISMUS

von Gerhard Padderatz

Sind besonders gläubige Menschen eine Gefahr für die Gesellschaft?

Foto: Eddie Toro/dreamstime

Der Tag wird kommen, an dem Ihr alle hängen werdet“, schrieb ein evangelikaler Leser an den Redakteur einer Schülerzeitung. Das Blatt hatte sich kritisch mit der wachsenden Schar evangelikaler Christen in Deutschland auseinandergesetzt. Der *Norddeutsche Rundfunk* berichtete darüber. Diese inzwischen 1,3 Millionen bekennenden Christen seien nur scheinbar harmlos und friedlich, so das Resumé der Sendung *Zapp*.[1] Zu den

Foto: Jan Kranendonk/dreamstime

Evangelikalen zählen in Deutschland vorwiegend Baptisten, Pfingstler und Charismatiker, aber auch die pietistisch geprägten Entschiedenen Christen (EC) innerhalb der evangelischen Landeskirchen. Sie alle seien Fundamentalisten und entsprechend aggressiv und gefährlich. Sie kämpften gegen Homosexuelle und gegen Abtreibung, glaubten an eine buchstäbliche Schöpfung in sechs Tagen, an die Hölle, an die Prophetie und seien von der Irrtumslosigkeit der Bibel überzeugt.

Informierte Zeitgenossen gehen davon aus: Fundamentalisten bringen Flugzeuge zum Absturz und sprengen sich als Selbstmordattentäter in die Luft. Sie tun das im Namen Gottes, dessen Willen sie genau zu kennen meinen. Sie sind wissenschafts- und fortschrittsfeindlich und wollen unsere freiheitliche Demokratie durch einen religiös-totalitären Gottesstaat ersetzen. – Entsprechend negativ wird der Begriff besetzt. Er muss für ein diffuses Feindbild herhalten. Auch auf andere praktizierende Gläubige wird er mittlerweile angewendet, auf Christen, die an die Bibel im wörtlichen Sinne glauben. Sind alle diese Menschen tatsächlich eine Gefahr für die Menschheit, ähnlich gefährlich wie die islamistischen Gotteskrieger?

Nach einem Bedeutungswandel in jüngerer Zeit kann man den Fundamentalismus heute in fast jeder Religion finden. Das Phänomen hat sich in den letzten 30 Jahren verstärkt.

Der Begriff „Fundamentalismus“ hat im Laufe der Zeit einen Bedeutungswandel erfahren. Er wird auf unterschiedliche Gruppen

Die Militanz im christlichen Fundamentalismus ist ein Phänomen, das besonders seit den 1970er Jahren in den USA auftritt.

gleichermaßen angewendet – oft recht undifferenziert. In seinem religionsübergreifenden allgemeinen Sinn bezeichnet er heute eine militante Form der Frömmigkeit. Man kann ihr in fast allen Religionen und religiösen Bewegungen begegnen.[1] Weltweit trat dieses Phänomen vor allem im 20. Jahrhundert und zunehmend in den letzten 30 Jahren auf. Herausgefordert durch die Moderne und eine wachsende Säkularisierung der Gesellschaft wurde der Kampf gegen Wissenschaft, höhere Bildung, demokratische Reformen, wirtschaftlichen Fortschritt – oft auch gegen die Gleichstellung von Mann und Frau – immer aggressiver. Der Fundamentalist stützt sich dabei auf einen heiligen Text, den er für unfehlbar hält und dem er größte Autorität zuschreibt. Er will einen alten, von ihm idealisierten Zustand wieder herstellen. Und dabei „stören" ihn die Errungenschaften der Wissenschaften. Auch in der Trennung von Staat und Religion sieht er ein entscheidendes Hindernis. Dieses gelte es aufzuheben. Er will einen sogenannten Gottesstaat. Da der Fundamentalist zutiefst davon überzeugt ist, dass seine Vorstellungen und sein Handeln mit dem Willen Gottes übereinstimmen, ist für ihn die Anwendung von Gewalt gerechtfertigt. Er will seinem Gott auf Erden schon einmal unter die Arme greifen. Dabei setzt er voraus, dass Gott gewalttätig und grausam ist.

Foto: Rkaphotography/dreamstime

Foto: Lesscholz/dreamstime

Der Begriff „Fundamentalismus" ist eine Wortschöpfung aus dem 19. Jahrhundert. Im Gegensatz zu dem eingangs beschriebenen Wortverständnis wurde er anfangs nur auf Christen angewendet. Er verdankte seine Entstehung einem harmlosen Hintergrund. Zwischen 1876 und 1897 fanden in der kanadischen Ortschaft Niagara-on-the-Lake jährliche „Gläubigenversammlungen zum Studium der Bibel" statt. An diesen nahmen u. a. der Zionist William Eugene Blackstone, der Bibelausleger C. I. Scofield und der China-Missionar James Hudson Taylor teil.

Diese Konferenz veröffentlichte im Jahr 1878 cin Crcdo: Sic formulierte 14 Glaubenspunkte, die nach Ansicht ihrer Teilnehmer das Fundament des christlichen Glaubens

Foto: Wikimedia

Foto: Wikimedia

Foto: Wikimedia

Im Jahr 1878 trafen sich im kanadischen Niagara-on-the-Lake einige bekennende Christen und definierten Fundamente des christlichen Glaubens. Zu ihnen gehörten (v.l.n.r.) der Zionist William Eugene Blackstone, der Bibelausleger C. I. Scofield und der China-Missionar James Hudson Taylor.

ausmachten. Basierend auf diesen Punkten veröffentlichte das „Bible Institute of Los Angeles“ zwischen 1910 und 1915 eine 12-bändige Schriftenreihe mit 90 Aufsätzen. Ihr Titel *The Fundamentals: A Testimony To The Truth* (Die fundamentalen [Lehren]: Ein Zeugnis der Wahrheit). Die Broschüren wurden an alle Pastoren und andere kirchliche Mitarbeiter in ganz Nordamerika verschickt.

Die Presbyterianische Kirche war es, die diese Ausführungen dann auf fünf fundamentale Wahrheiten reduzierte, und zwar: 1. Die Bibel enthält keine Irrtümer; sie ist von Gott inspiriert. 2. Die Bibel ist buchstäblich zu verstehen – es sei denn, eine Textstelle ist eindeutig als allegorisch oder symbolisch gekennzeichnet. 3. Jesus Christus ist von einer Jungfrau geboren worden. 4. Christus hat durch seinen stellvertretenden Opfertod unsere Erlösung erwirkt. 5. Jesus ist körperlich auferstanden und wird bald persönlich wiederkommen. (In einer anderen Variante geht es im letzten Punkt um die Echtheit der Wunder Jesu.) Die Formulierung dieser Glaubensüberzeugungen war weniger ein vollständiges Credo als der Versuch, Angriffe auf bestimmte Glaubenspunkte in der damaligen Zeit abzuwehren.[2] Als Bedrohung wurden vor allem folgende Denkrichtungen wahrgenommen: 1. die Aufklärung, 2. die höhere Bibelkritik, 3. die aufkommende Evolutionstheorie und 4. die liberale Theologie.[3]

Die fünf Wahrheiten der Presbyterianischen Kirche trafen bei vielen Christen auf große Zustimmung und wurden von ihnen als fundamental für den christlichen Glauben akzeptiert. Diese Menschen waren die ersten christlichen „Fundamentalisten“. Zwar wurden immer mehr Christen durch die Wissenschaft und die moderne Theologie verunsichert, doch die Evolutionstheorie lehnten sie in Mehrheit ab. Die staatlichen Gesetze entsprachen diesem Verständnis. In Tennessee war es z. B. verboten, in öffentlichen und durch Steuergelder geförderten Schulen die Evolutionstheorie zu lehren. Als sich der Lehrer John T. Scopes nicht daran hielt, verklagte ihn der Bundesstaat. Im Jahr 1925 wurde er zwar verurteilt, blieb

Die ursprünglichen „Fundamente“ des christlichen Glaubens

1. Die Bibel enthält keine Irrtümer; sie ist von Gott inspiriert.
2. Die Bibel ist buchstäblich zu verstehen – es sei denn, eine Textstelle ist eindeutig als allegorisch oder symbolisch gekennzeichnet.
3. Jesus Christus ist von einer Jungfrau geboren worden.
4. Jesus Christus hat durch seinen stellvertretenden Opfertod unsere Erlösung erwirkt.
5. Jesus Christus ist körperlich auferstanden und wird bald persönlich wiederkommen. *In einer anderen Variante geht es in diesem Punkt um die Echtheit der Wunder Jesu.*

Foto: Wikimedia

Der Lehrer John T. Scopes weigerte sich, im Unterricht – wie vom Gesetz gefordert – nur den Schöpfungsbericht als Erklärung für die Ursprünge zu verwenden. Deshalb wurde er vor Gericht gestellt und verurteilt.

nach einer Berufung jedoch wegen eines Formfehlers straffrei.[4] Damals bezogen liberal ausgerichtete Zeitungen den Begriff „Fundamentalisten“ auf jene Christen, die noch an die Schöpfungslehre glaubten. Sie verwendeten ihn bald allgemein für alle Gegner der Evolutionstheorie und damit für alle bibelgläubigen Christen. Sie wurden als borniert, rückständig und wissenschaftsfeindlich gebrandmarkt. Mit ihren Argumenten musste man sich daher bequemerweise nicht mehr auseinandersetzen.

Gleichzeitig wurden die meisten Kirchen von der aufkommenden „modernen“ Theologie erfasst. Sie war geprägt von der Evolutionstheorie und der sogenannte Entmythologisierung. Unter dem Druck naturwissenschaftlicher Erkenntnisse – oder genauer: dem Anspruch der Absolutheit und Alleingültigkeit der Naturwissenschaften – wurden die biblischen Berichte über Wunder auf allegorische Geschichten reduziert. Man lehnte ab zu glauben, was den Naturgesetzen widersprach. Und die materialistische Philosophie, für die nur das existiert, was Materie und entsprechend messbar ist, veranlasste viele Pastoren, die Bibel durch die Brille der modernen Naturwissenschaft zu lesen.

In die Defensive gedrängt, entwickelten sich bei manchen Gläubigen gewisse Haltungen, die durchaus Anlass zur Kritik boten. Dazu gehörten eine von Misstrauen geprägte Grundhaltung, der Glaube an gewisse Verschwörungstheorien, paranoide Angst, eine Dämonisierung ihrer „Gegner“, die Einteilung der Menschen in Gut und Böse sowie die Notwendigkeit, sich von diesen „Bösen“ abzusondern. Die Gruppe der Gläubigen, die allgemein als Fundamentalisten bezeichnet wurden, machte also selbst einen Sinneswandel durch, so dass sich dadurch auch der Begriff „Fundamentalismus“ in seinem Sinngehalt änderte.

In den 1930er Jahren schien der fundamentalistische Glaube in Amerika auszusterben. Doch in den 1940er und -50er Jahren kam er mit Macht zurück. Diesmal jedoch moderner, offener und gewinnender – vor allem in der Person des populären Erweckungspredigers Billy Graham. Hinzu kam im Jahr 1977 die als PR-Erfolg der Evangelikalen empfundene Wahl des Baptisten Jimmy Carter zum Präsidenten. Ferner wurden in den 1980er Jahren die Rundfunk- und Fernsehgesetze so geändert, dass Kirchen Sender gründen konnten. Die evangelikalen Freikirchen[5], hochmotivierte Anwälte des Fundamentalismus, konnten auf diesem Weg viele Mitglieder gewinnen. Anders als die traditionellen Volkskirchen waren sie für ihr Überleben auf die Werbung immer neuer Mitglieder angewiesen. Entsprechend profitierten vor allem sie von den neuen Mediengesetzen.

Die Folge war ein zunehmendes Mitgliederwachstum dieser Kirchen und damit eine Stärkung

Foto: Wikimedia

Foto: The White House

Der Erweckungsprediger Billy Graham (geb. 1918) gab dem Fundamentalismus ein moderneres und anziehenderes Gesicht.

Foto: The library of Congress

Der Baptist Jimmy Carter, der 1977 U.S.-Präsident wurde, verhalf den Fundamentalisten mit seiner Wahl – obwohl er sich nicht als einer von ihnen verstand – zu einem großen PR-Erfolg.

Foto: TBN

Die Gründung christlicher Rundfunk- und Fernsehsender (das Foto zeigt die TBN-Zentrale) führte zu einem Wachstum der evangelikal-fundamentalistischen Kirchen. Die größte Gruppe dieser Kirchen waren und sind die Baptisten. Das Foto rechts zeigt eine ihrer typischen Ortsgemeinden in den USA.

des Fundamentalismus. Zu den evangelikal-fundamentalistischen Kirchen gehörten vor allem Baptisten, Presbyterianer, Pfingstler und ab den 1960er Jahren auch Charismatiker und konservative Katholiken. Heute zählen sich in den USA etwa ein Drittel der Bevölkerung oder 100 Millionen Menschen zu den Evangelikalen. Von ihnen sind wiederum zwei Drittel, also etwa 65 Millionen, als fundamentalistisch einzustufen. Ihre Popularität in Amerika und ihre verstärkten missionarischen Bemühungen auch außerhalb des Landes stärkten den christlichen Fundamentalismus auch international. Er wurde von den USA aus vermehrt in andere Länder exportiert.

Begünstigt wurde dieser Trend durch das im ausgehenden 20. Jahrhundert immer deutlicher formulierte Eingeständnis der Naturwissenschaften, nicht alles erklären zu können. Dies öffnete dem Metaphysischen die Tür. Wenn in der Natur nicht alles erklärbar ist, so die Schlussfolgerung, „sei es weniger naiv, an etwas jenseits der Natur zu glauben.“[6]

Solange sie in der Minderheit waren – und das waren sie in den USA bis Anfang der 1970er Jahre (in Deutschland sind sie es noch heute) – verstanden sich die fundamentalistischen Christen als Fremdlinge in dieser Welt, die zwangsläufig Ungerechtigkeit erdulden müssten. Aggressivität und Militanz fehlten; sie waren eher leidensbereit. Das änderte sich: Als ihre Zahl jene kritische Masse erreichte, mit der man politisch etwas bewegen kann, fühlten sie sich ermutigt, nicht länger nur Zuschauer und Leidtragende zu sein. Sie begannen, sich gegen die Modernisierung und Säkularisierung der Gesellschaft mit politischen Mitteln zu wehren.

Auslöser hierfür waren die politischen und juristischen Erfolge der Bürgerrechtsbewegung. Ihr ging es u. a. auch um die Gleichberechtigung von Mann und Frau, das Verbot von Gebeten in öffentlichen Schulen und eine Liberalisierung in Sexualfragen. Diese Forderungen waren für viele Fundamentalisten unannehmbar. Sie sahen das „heilsgeschichtliche Design eines ‚christlichen Amerika‘“ bedroht und begannen, gegen die Ausbreitung des Liberalismus und „Humanismus“, wie sie es nannten, zu kämpfen. Der Tropfen, der das Fass endgültig zum Überlaufen brachte, war die Legalisierung der Abtreibung durch das Oberste Gericht (*Roe vs. Wade*) im Jahr 1973.

Die Fundamentalisten der USA hatten inzwischen erkannt, dass sie den moralischen und politischen Kurs ihres Landes nicht nur beeinflussen, sondern sogar bestimmen konnten – wenn sie nur wollten und

Ein Grundpfeiler der amerikanischen Freiheit ist die in der Verfassung verankerte Trennung von Staat und Kirche. Gerade diese wollen die Fundamentalisten aufheben, um Amerika in einen christlichen Gottesstaat zu verwandeln.

sich einig wären. Einer, der ihnen bei dieser Erkenntnis half, war Billy Graham: „Es ist an der Zeit, dass Evangelikale darüber nachdenken, sich zu einer Organisation zusammenzuschließen“, sagte er 1985 vor einem Millionenpublikum in der Fernsehsendung *The 700 Club*. „Ich bin dafür, dass Evangelikale sich um öffentliche Ämter bewerben und [Wahlen] gewinnen und die Mehrheit im Kongress erlangen, dass sie die Behörden in ihre Gewalt bekommen, dass sie die Herrschaft über die Exekutive des Staates erlangen. Ich glaube, wenn wir es der anderen Seite überlassen, werden wir verloren sein. Ich wollte, jeder wahre Gläubige würde sich auf irgendeine Weise in die Politik einmischen.“[7] Man beachte: Es ging um Herrschaft und Gewalt …

Auch der fundamentalistische Endzeitroman-Autor Tim LaHaye (*Left Behind, Zurückgelassen*) schlug in diese Kerbe. Noch im selben Jahr wies er seine Fernsehzuschauer darauf hin, dass die Christliche Rechte, eine politisch-religiöse Basisbewegung, innerhalb eines Jahrzehnts alle durch Wahlen besetzten Ämter im Lande innehaben könnte, wenn jede der damals 110.000 „evangelikalen, fundamentalistischen und pfingstle-

Foto: Lightart/dreamstime

rischen“ Kirchengemeinden in den USA je einen Kandidaten für ein öffentliches Amt unterstützen würde. Da es in den gesamten Vereinigten Staaten nur 97.000 Positionen dieser Art gebe, hätte man mehr „Christen“ im Amt, als es Positionen gäbe.[8]

Führende Köpfe der Fundamentalisten schickten sich an, solche Anregungen aufzugreifen – in den 1980er Jahren der Fernsehprediger Jerry Falwell mit seiner *Moral Majority* und in den 1990er Jahren der gescheiterte Präsidentschaftskandidat und Fernseh-Tycoon Pat Robertson und die *Christliche Rechte*. Sie schafften es, die Fundamentalisten und andere konservative Christen Amerikas politisch zu mobilisieren, zu einen und über die Republikanische Partei Einfluss auf die Geschicke des Landes zu nehmen. Dabei schienen sie dem Motto zu folgen: Wenn uns das Böse mit Gewalt bedroht, haben wir schon lange das Recht, das Böse mit Gewalt zu bekämpfen – und zwar im Namen Gottes (!).

In zunehmendem Maße setzte ein radikaler Kern bei der Verwirklichung seiner Pläne auf Zwang und Gewalt. Einer der Mitstreiter Pat Robertsons, der Prediger George Grant aus Florida, verkündete im Jahr 1987: „Es ist Herrschaft und Kontrolle, um die es uns geht. Die Eroberung der Welt. Dazu hat Christus uns den Auftrag gegeben … Deshalb ist das Hauptziel christlicher Politik die Eroberung des Landes, die Eroberung von Menschen, Familien, Institutionen, Verwaltungen, Gerichten und Regierungen für das Reich Christi.”[9] Und Robertson selbst sagte 1991 auf einer Versammlung von Gleichgesinnten: „Ich lade euch ein, dass ihr euch einer wachsenden Armee christlicher Patrioten anschließt, die darum kämpfen, Amerika zurückzugewinnen.”[10]

Ein christliches Amerika sollte entstehen. Dieses Ziel wollte man durchsetzen und dabei nicht mehr

Foto: Stanford Baptist Church

dienen, sondern kämpfen, erobern und herrschen. Damit gelangte wieder ein aggressives Gewaltelement in das Christentum. Es wurde inspiriert durch ein mittelalterliches, gewalttätiges Gottesbild, das auf seine Anhänger abfärbte. Fanatisierte Christen schreckten z. B. nicht davor zurück, Abtreibungsärzte umzubringen, eine Ausweitung der Todesstrafe (z. B. für praktizierende Homosexuelle, Prostituierte, Ehebrecher, Gotteslästerer und Irrlehrer) zu fordern und den Einsatz von Folter durch Militär und Geheimdienste zu befürworten. Für die Medien war das ein gefundenes Fressen: Jetzt konnten sie noch leichter belegen, dass bibelgläubige, praktizierende Christen gefährliche Menschen sind, vor denen man warnen müsse. Ex-Präsident Jimmy Carter – er war Baptist, aber kein Fundamentalist – beschrieb die Fundamentalisten als Menschen, „die jene verbal und auch physisch angreifen, die ihnen bei der Durchführung ihres Programms in die Quere kommen.“[11]

Die Motivation zur Veränderung Amerikas wurde darüber hinaus beflügelt durch ein prophetisch gefärbtes Sendungsbewusstsein: Nur wenn die Christen im ersten Schritt Amerika und im zweiten die ganze Welt zu Christus bekehren würden, so die Überzeugung, könne der Messias wiederkommen und seine 1.000-jährige Weltherrschaft antreten.[12]

Während also bis zur ersten Hälfte des 20. Jahrhunderts alle bibelgläubigen Christen als Fundamentalisten im positiven Sinne bezeichnet werden konnten, traf dies danach vor allem auf die Evangelikalen zu, wobei die Bezeichnung einen Begriffswandel durchmachte. Seit den 1980er Jahren orientieren sich die Evangelikalen allerdings immer weniger an der Bibel. Diese spielt häufig nur noch die Rolle eines Talismans. Der Grund: Weite Kreise der evangelikalen Fundamentalisten stehen seit diesem Jahrzehnt mehr und mehr unter dem Einfluss des emotional-irrationalen charismatischen Phänomens. Heute sind es die Pfingstler und Charismatiker, die bei den eher als neo-evangelikal zu bezeichnenden Fundamentalisten den Ton angeben. Statt der Bibel vertraut man „dem Geist“ – wer immer sich dahinter verbergen mag. Und ihr Lieblingswort heißt heute „Power“, was bekanntlich „Macht“ und „Gewalt“ bedeutet.

So kritikwürdig und gefährlich die Auswüchse des Fundamentalismus in vielerlei Hinsicht auch sein mögen: Die Besinnung auf fundamentale Werte, wie sie die ursprüngliche Definition des Funda-

Foto: Robert Adrian Hillman/Dreamstime

Wenn Gott die Ungläubigen am Ende der Zeit tatsächlich unendlich lange quälen würde, wäre er der größte Folterer aller Zeiten. Ein solches Gottesbild hat – da es auf die Gläubigen abfärbt – verhängnisvolle Konsequenzen.

mentalismus beinhaltete, ist absolut nicht unchristlich. Auch friedliche, ernst zu nehmende Christen halten die Bibel für eine von Gott inspirierte Quelle der Information. „Ist die Bibel deshalb unglaubwürdig", fragen sie, „weil sie Dinge berichtet, die den Naturgesetzen widersprechen, z. B. die Erschaffung der Welt in sechs Tagen, die weltweite Sintflut, die jungfräuliche Geburt Jesu, Wunder, die Wiederkunft Christi, die leibliche Auferstehung?" Sie halten ein Außerkraftsetzen von Gesetzmäßigkeiten in der Natur durchaus für möglich. Wenn es anders wäre, so ihr Argument, müsste man davon ausgehen, „dass es überhaupt keinen Gott gibt, oder, sollte es einen Gott geben, dass dieser nicht in dieser Welt – abweichend von den ... Naturgesetzen – handeln kann."[13]

Viele Christen fühlen sich durch die Fundamentalismus-Kritik zu Unrecht angegriffen, weil diese Kritik sich nicht auf die wirklichen Problembereiche beschränkt, sondern pauschalisiert. Es sind Christen, die an die Existenz Gottes glauben, jedoch darauf hinweisen, dass sich diese nicht im naturwissenschaftlichen Sinne nachweisen lasse. Gott greife nach Aussagen der Bibel in unsere materielle Welt ein, aber er habe diese Welt mit ihren Naturgesetzen auch geschaffen. Deshalb gebe es zwei Realitäten: die materielle Wirklichkeit, die wir kennen und die wir durch wissenschaftliche Methoden erforschen und beschreiben können, und eine Realität, die jenseits dieser materiellen Welt existiert. Beides sind Realitäten, an die bibelgläubige Christen glauben.

Foto: Wikimedia

Gewalt als Mittel christlicher Mission war auch das Markenzeichen der mittelalterlichen Kreuzzüge.

Nur Gott, so ihre Argumentation, könne aber zuverlässige Informationen über die andere Realität zu uns „hereinreichen". Diesen Vorgang nenne man Offenbarung. Die gesammelten Werke seiner göttlichen Offenbarungen fänden wir in der Bibel. Mit naturwissenschaftlichen Methoden Aussagen über diese andere Welt machen zu wollen, wäre so, als wollte man eine bakterielle Erkrankung mit Zollstock und Wasserwaage diagnostizieren. Was in *einem* Bereich gut sei, sei in einem anderen Bereich völlig untauglich und führe zu Fehlschlüssen. Diese Christen, die die Bibel als Autorität akzeptieren, sehen sich an das Wort Gottes als ein Fundament gebunden. Sie sind also in diesem eingeschränkten und buchstäblichen Sinne „Fundamentalisten".

Was aber Gewalt und Verteufelung anderer betrifft, distanzieren sie sich klar und deutlich von den Fundamentalisten an sich. Sie verweisen auf das Vorbild Jesu und darauf, dass es im Neuen Testament keine Rechtfertigung für diese Vorgehensweise gibt. Jesus habe sogar Judas, seinem Verräter, die Füße gewaschen. Als Petrus bei der Verhaftung Jesu im Garten Gethsemane seinen Herrn mit Waffengewalt verteidigen wollte, habe dieser ihn aufgefordert, sein Schwert wieder einzustecken.

Woher aber kommt die Militanz der sogenannten „christlichen" Fundamentalisten? Kann es sein, dass sie (und vielleicht nicht nur sie) etwas in die Bibel hineinlesen, was gar nicht da steht – etwa die Existenz einer Hölle, in der Gott die Ungläubigen unendlich lange foltern wird? Wer Gott so beschreibt, macht ihn zu einem Tyrannen. Und wir werden bekanntlich wie der Gott, den wir verehren. Ein solches grausames Gottesbild färbt ab. Es macht Menschen grausam. Und grausame Taten erhalten dann ihre „heilige" Rechtfertigung durch einen solchen Gott. Denn wer an einen Gott der Hölle glaubt (was de facto eher dem Volksglauben entspricht als dem Text der Bibel), verehrt einen Tyrannen und fühlt sich ermutigt, selbst wie ein Tyrann zu handeln.

Aber, so der Hinweis einiger Bibelkenner, auch wer den Teufel abschafft – nur weil eine von der Bibel abgewichene Kirche mit dem Begriff „Teufel" Schindluder getrieben hat –, komme zu einem grausamen Gottesbild. Er müsse nämlich notwendigerweise Gott für alles Böse verantwortlich machen. Auch für ihn wird Gott zu einem verabscheuungswürdigen Despoten. Wer das tue, werde seinen Glauben an Gott früher oder später ganz über Bord werfen – wer kann es ihm verdenken –, oder er rechtfertige sein eigenes tyrannisches Verhalten mit dem angeblich bösen Handeln Gottes in der Welt. Das Böse existiere nämlich – durch den freien Willen der von ihm erschaffenen Wesen – unabhängig von Gott.

Viele der theologischen Positionen des ursprünglichen Fundamentalismus entsprechen offensichtlich dem Selbstverständnis der Bibel. Sie sind Ausdruck eines allgemeinen christlichen Glaubens. Und zu dem gehört auch die Überzeugung, dass die Bibel absolut wahr sei. Jeder sollte das Recht haben, zu glauben, was er will. Natürlich stößt dieses Recht an seine Grenzen, wenn die Rechte anderer Menschen dadurch eingeschränkt werden. Die dunkle Seite des Fundamentalismus, wie er uns heute begegnet, sind seine Intoleranz und seine Neigung zur Gewalt.

Foto: Wikimedia

Unsere alten Grabsteine belegen es: Noch bis vor knapp 100 Jahren glaubten viele Menschen an eine körperliche Auferstehung und verknüpften diese mit der Wiederkunft Christi. Wer dies heute tut, wird schnell als Fundamentalist beschimpft.

Besonders gefährlich wird der Fundamentalismus, wenn er sich mit politischer Macht vereinigt. Denn „Menschen sind besonders dann völlig und mit Begeisterung böse, wenn sie aus religiöser Überzeugung handeln", so Umberto Eco. Man sollte hinzufügen: und wenn sie keinen Respekt vor der Überzeugung Andersgläubiger haben und wenn sie den Versuch machen, andere zu zwingen oder zu manipulieren. Zu Recht erinnert uns der amerikanische Pastor und Redakteur A. W. Tozer an die Pharisäer zur Zeit Jesu: „Es war Religion, die Christus an das Kreuz brachte … Es ist nicht zu leugnen, dass Christus von Menschen gekreuzigt wurde, die man heutzutage als Fundamentalisten bezeichnen würde."[14]

Das eigentliche Problem des Fundamentalismus ist, dass er ein Zerrbild des Christentums darstellt und damit den wirklichen christlichen Glauben in Misskredit bringt. Das führt aufseiten der Öffentlichkeit zu Intoleranz gegenüber den Bibelgläubigen. An den Jesus Christus der Bibel zu glauben und an die Bibel – inklusive ihrer Wunder – ist kein Verbrechen und macht nicht gewalttätig. Diese Unterscheidung zu treffen ist dringend vonnöten – besonders in einer Zeit, in der „christlich" motivierte Fundamentalisten an die Macht streben.

Nach Umberto Eco sind Menschen dann mit Begeisterung besonders böse, wenn sie religiös motiviert sind.

Fotos: Gepapix

1 Fisher Humphreys u. Philip Wise, *Fundamentalism* (2004), 10. 2 Vgl. Humphreys/Wise, 37. 3 Humphreys/Wise, 18ff. 4 Der Fall, der große nationale Aufmerksamkeit erregte, ging als *Scopes Monkey Trial* in die Geschichte ein. 5 Kirchen, in die man durch eine freie und bewusste Entscheidung eintritt, etwa durch die Erwachsenentaufe. 6 Gabriel A. Almond, R. Scott Appleby und Emmanuel Sivan, *Strong Religion: The Rise of Fundamentalism around the World* (2003), 224. 7 Katherine Yurica (mit Laurie Hall), "The Despoiling of America: How George W. Bush became the head of the new American Dominionist Church/State" (11. Februar 2004), URL: <http://www.yuricareport.com/Dominionism/TheDespoilingOfAmerica.htm>, zitiert bei Gerhard Padderatz, *Amerika: Mit Gewalt in den Gottesstaat* (2007), 145. 8 Yurica, ebd. 9 George Grant, *The Changing of the Guard, Biblical Principles for Political Action* (1987), 50f. 10 Werbebrief der *Christian Coalition* vom 1. Januar 1992, zitiert bei Clifford Goldstein, *Amerika in der Prophetie* (1995), 78 . 11 Jimmy Carter, *Unsere gefährdeten Werte. Amerikas moralische Krise*, München/Zürich, 2005, 38. 12 Almond/Appleby/Sivan, 70. 13 Humphreys/Wise, 52. 14 A.W. Tozer, *The Persuit of Man: The Divine Conquest of the Human Heart* (1997), 106; zitiert bei Humphreys/Wise, 61.

Dr. phil. Gerhard Padderatz ist Chefredakteur dieser Zeitschrift. Er ist Autor der Bücher Amerika: Mit Gewalt in den Gottesstaat *und* Allmächtig? Ohnmächtig? Gerecht? Ein Dialog über Gott und sein Handeln.

„MISSING LINKS“

Die hartnäckige Lücke in einer Argumentationskette

von Russell Grigg

Foto: Getpix/dreamstime

Charles Darwin hatte ein Problem, und zwar ein gewaltiges. In seinem berühmten Werk *On the Origin of Species* [Über den Ursprung der Arten – 1859] konnte er keine einzige Übergangsform[1] benennen. Sogenannte Übergangsformen werden auch Mosaikformen

Foto: Tamara Kulikova/dreamstime

Dr. Colin Patterson (1933–1998), Chef-Paläontologe am Naturhistorischen Museum in London (Foto), antwortete auf die Frage, warum er in seinem 1978 erschienenen Buch *Evolution* keine Abbildungen von evolutionären Übergangsformen zeigt: „Es gibt kein einziges Fossil dieser Art, das man als hieb- und stichfestes Beweismittel vorweisen könnte."

oder nach dem Englischen *Missing Links* genannt. Hierbei handelt es sich um Organismen, die während der auf Millionen Jahre datierten Übergangszeit von einer Art in eine andere gelebt haben sollen. Zu erwarten wäre, dass sie als Zwischenglieder Merkmale beider Arten [der früheren und der später aus ihr entwickelten] aufweisen, bzw. die verschiedenen Entwicklungsstufen von einer Art in die andere widerspiegeln. Darwin konnte keinen Beleg für bestehende *Missing Links* liefern. Stattdessen widmete er ein ganzes Kapitel der beklagenswerten Tatsache, dass es solche Übergangsformen eben nicht gibt. Er lamentierte über „Die Unvollständigkeit der geologischen Urkunden". Er schrieb: „Woher kommt es dann, dass nicht jede geologische Formation und jede Gesteinsschicht voll von solchen Zwischenformen ist? Die Geologie enthüllt uns mit Sicherheit keine solche fein abgestufte Organismenreihe; und dies ist vielleicht der handgreiflichste gewichtigste Einwand, den man meiner Theorie entgegenhalten kann. Die Erklärung liegt aber, wie ich glaube, in der äußersten Unvollständigkeit der geologischen Urkunden."[2]

Darwin war nicht der einzige, der sich mit diesem Problem kon-

Immer wieder wurden Fischfossilien als Übergangsformen zwischen Meeres- und Landtieren präsentiert. Dazu gehörten auch der Tiktaalik (links) und der Quastenflosser (S. 42). Doch jedes Mal musste man zugeben, dass man sich geirrt hat.

frontiert sah. Dr. Colin Patterson (1933–1998), Chef-Paläontologe am Naturhistorischen Museum in London, antwortete auf die Frage, warum er in seinem 1978 erschienenen Buch *Evolution* keine Abbildungen von evolutionären Übergangsformen zeigt: „Es gibt kein einziges Fossil dieser Art, das man als hieb- und stichfestes Beweismittel vorweisen könnte."[3] Und Prof. Stephen J. Gould (1941–2002) sagte: „Die extreme Seltenheit von Übergangsformen in den Fossilien-Funden bleibt weiterhin das Betriebsgeheimnis der Paläontologie."[4]

In der Tat haben 150 Jahre fieberhaftes Durchforsten von Millionen Tonnen von Fossilien durch Evolutionisten keine einzige eindeutige „Kette" solcher Übergangsformen produziert, geschweige denn eine Masse von Ketten, die der Darwinismus erfordert. Tatsächlich wurde im Laufe der Jahre nur eine winzige Handvoll möglicher „Kandidaten" präsentiert, die angeblich „Übergangsformen" darstellten. Diese Funde wurden der Öffentlichkeit gewöhnlich mit großem Medienrummel präsentiert – als Vorzeigeobjekte der Evolution, mit denen man jedermann indoktrinieren konnte. Andererseits wurde durch die Masse von Fakten, die das Gegenteil bewiesen, mit der Zeit klar, dass es sich um Irrtümer handelte. Doch das führte meist nicht zu einem Widerruf – und wenn überhaupt, dann gewöhnlich nur im Flüsterton. Und die nächste Generation von Wissenschaftlern forciert dann wieder ihre eigenen neuen Beispiele angeblicher Zwischenformen.[5]

In diesem Artikel werden einige der behaupteten Übergangsformen vorgestellt, die Vertreter der Evolutionstheorie aufgrund der massiven gegenteiligen Beweise selbst wieder verwerfen mussten.

Missing Links zwischen Fischen und Landtieren

1.Tiktaalik

Im Jahr 2004 wurden in der kanadischen Arktis ein 20 cm langer Fischschädel und einige fossile Vorderflossen gefunden, bei denen die Knochen eine grobe Ähnlichkeit mit denen von Land-Wirbeltieren hatten. Dieser Fund wurde von Evolutionisten eifrig als das seit 375 Millionen Jahren ausgestorbene Übergangs-Link angepriesen, jenes Bindeglied, das sich in der Entwicklung zum ersten vierfüßigen Land-Wirbeltier befand. Das Fossil wurde auf dem Cover der Zeitschrift *Nature* vorgestellt. Im entsprechenden Artikel hieß es dann: „Genauso sahen unsere Vorfahren aus, als sie anfingen, aus dem Wasser an Land zu kommen …"[6]

Zum Leidwesen für *Tiktaalik* als *Missing Link* erwies sich diese Annahme schließlich als falsch. Etliche gut erhaltene Fußabdrücke, die zweifellos von einem vierfüßigen Tier stammten, wurden in Polen in einer Gesteinsschicht gefunden, die auf 18 Millionen Jahre älter als *Tiktaalik*

Foto: Wikimedia

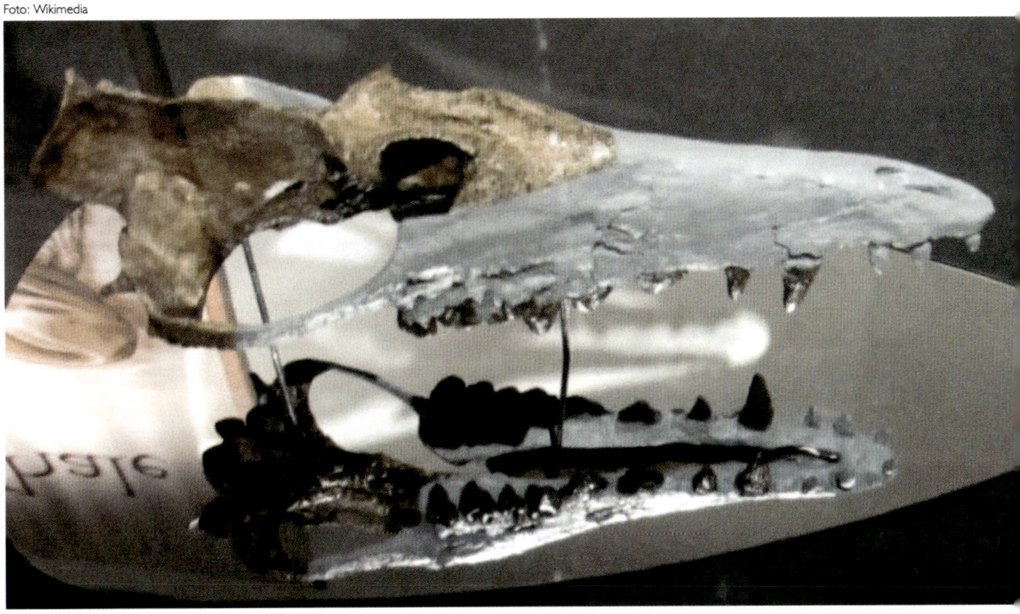

Von einem Schädeldach, zwei Fragmenten eines Unterkiefers und einigen Zähnen (die bräunlichen Teile) behauptete der Paläontologe Philip Gingerich, dies sei „die älteste und primitivste bekannte Walart."

Foto: creation.com

Der Pakicetus: 1983 stellte ihn die Zeitschrift *Science* auf ihrem Cover als ein walähnliches Tier dar. Sieben Jahre später war er zu einer Mischung aus Wolf und Ratte mutiert.

„datiert" wurde.[7] *Nature* musste zugeben: „[Diese Fußspuren] zwingen uns zu einer radikalen Neubewertung der Zeit, der Ökologie und der Umweltbedingungen des Übergangs von Fischen zu Landtieren ..."[8]

Allerdings ist *Tiktaalik* (ebenso wie der Quastenflosser und auch unsere angebliche Vorfahrin „Lucy") ein fester Bestandteil der Folklore in der evolutionistischen Geschichtenerzählerei geworden. Wir können davon ausgehen, dass Evolutionisten das „Beweisstück" erst dann generell fallen lassen, wenn sie etwas anderes gefunden haben, das dessen Platz einnehmen kann.

2. Der Quastenflosser

Der Quastenflosser wurde als der 100 Millionen Jahre alte Vorfahre der Landtiere präsentiert – bis man im Jahr 1938 einen lebenden Fisch dieser Gattung fand. Man hatte behauptet, dass er die unteren Flossen zum Gehen benutzte. Jetzt stellte sich jedoch heraus, dass er sie lediglich zum Manövrieren einsetzt.[9]

Von Säugetieren zu Walen

Eines der ersten Lebewesen, von dem Evolutionisten behaupteten, es sei ein Vorfahre des Wals, war ein mittelgroßes Landsäugetier aus der Ordnung der *Mesonychia*. Es ähnelte einem Wolf und sollte angeblich walähnliche Zähne haben. Dann tauchte jedoch *Pakicetus*, der „Pakistan-Wal", auf. Das war der Name, den der Paläontologe Philip Gingerich einigen Knochenfragmenten gab, die in den späten 1970er Jahren in Pakistan entdeckt worden waren: ein Schädeldach, zwei Fragmente eines Unterkiefers und einige Zähne. Er behauptete, dies sei „die älteste und primitivste bekannte Walart."[10]

Diese Entdeckung wurde der Welt am 22. April 1983 auf dem Cover der Zeitschrift *Science* verkündet.[10] Der Herausgeber des Magazins schrieb: „*Pakicetus* liefert den ersten direkten Beweis eines amphibischen Stadiums in der evolutionären Übergangsphase von Walen, die vom Land ins Wasser stattfand." Vorsichtig fügte er hinzu: „Die Rekonstruktion des postkranialen Skeletts ist vollständig hypothetisch."[10] Übersetzt bedeutet dieser Evolutionisten-Jargon: „Jenseits des Kopfes ist alles pure Phantasie."

Viele Jahre später wurden einige weitere Knochen des *Pakicetus* gefunden. Die Zeitschrift *Nature* berichtete darüber. In einem Kommentar heißt es: „Alle postkranialen Knochen lassen erkennen, dass Pakicetiden Land-Säugetiere waren, ... flinke Tiere, die beim schnellen Laufen den Boden nur mit den Zehen berührten."[11] Jetzt erzählt uns der Evolutionist Richard Dawkins, dass es molekulargenetische Hinweise darauf gibt, dass die nächsten Verwandten der Wale die Flusspferde sind,[12] nicht die *Mesonychiden*. Dennoch führen viele bekannte evolutionistische

Foto: Richard Dawkins 35th American Atheists Convention

Der Evolutionist Richard Dawkins behauptet, das Flusspferd sei ein naher Verwandter des Wals.

Foto: Steve Cardno

Foto: Wikimedia

Der *Archaeopteryx* (oben u. rechts oben) wurde lange als Übergangsform zwischen Reptil und Vogel ausgegeben. Doch auch das musste inzwischen korrigiert werden.

Darstellungen immer noch den *Pakicetus* als Vorfahren der Wale auf. Der Grund: angebliche Ähnlichkeiten im Aufbau des Innenohrs.

Von Dinosauriern zu Vögeln

Vertreter der Evolutionstheorie sagen, dass sich Vögel aus den Dinosauriern entwickelt haben. Zwei behauptete Zwischenformen seien:

1. Der Archaeopteryx

Das ist der Name, der einer Anzahl von fossilen vogelähnlichen Exemplaren gegeben wurde, die zwischen 1861 und 1993 im deutschen Solnhofen gefunden wurden. Schon seit längerem findet man in evolutionistischen Lehrbüchern die Aussage, dass es sich bei diesem Tier um eine Übergangsform zwischen Reptil und Vogel handelt. Im Jahre 2011 führte eine Veröffentlichung in *Nature* allerdings dazu, dass die Wissenschaft ihren lange gefeierten „Urvogel" als Übergangsform verwerfen musste. Der chinesische Paläontologe Xing Xu stellte dort eine neue, huhngroße Dinosaurier-Spezies namens *Xiaotingia* vor, zu der der Archaeopteryx eine enge Verwandtschaft aufwies. Der geliebte Urvogel wurde so zu einem schlichten Reptil mit „Federn" degradiert. Allerdings sind namhafte Wissenschaftler der Meinung, dass es sich bei den federartigen Gebilden um Kollagenfasern handelt, die nichts mit Federn zu tun haben. Auch bei anderen Dinosauriern waren inzwischen diese Art „Pseudo-Federn" entdeckt worden.[13] Schon vor dieser Veröffentlichung hatte es begründete Zweifel an der These gegeben, bei dem *Archaeopteryx* handele es sich um das *„Missing Link"* zwischen einem Reptil und einem Vogel. In älteren Gesteinsschichten waren nämlich vogelähnliche Fußabdrücke gefunden worden – ein Hinweis darauf, dass es nach evolutionistischer Datierung bereits vor dem *Archaeopteryx* Vögel gab.[14] Auch in Texas sind in älteren Schichten zwei krähengroße Vögel gefunden worden – wenn

Foto: http://creation.com/

Der *Archaeoraptor*, im Jahr 1999 von *National Geographic* in großer Aufmachung als Sensationsfund gefeiert, stellte sich etwas später als Fälschung eines chinesischen Bauern heraus.

Foto: Wikimedia

Ehrwürdige britische Wissenschaftler (das Gemälde von John Cooke aus dem Jahr 1915 zeigt sie mit einem Bild von Darwin im Hintergrund) meinten im Jahr 1912, eine Übergangsform zwischen Affen und Mensch gefunden zu haben - den Piltdown-Menschen (Bild unten). Zu ihrer Blamage stellte sich das Schädelfragment im Jahr 1953 als Betrug heraus.

auch das Alter etwas umstritten ist. Der Entdecker, Sankar Chatterjee, schlug den Namen *Protoavis texensis* („der erste Vogel von Texas") vor.[15,16]

2. Der Archaeoraptor

Im Jahr 1999 gab die *National Geographic Society* bei einer Pressekonferenz öffentlich den Sensationsfund des *Archaeoraptor liaoningensis* bekannt. Hierbei handelte es sich um ein kleines Fossil aus China. Zehn Seiten Bilder und Text wurden ihm in der November-Ausgabe von *National Geographic* gewidmet. U. a. heißt es dort: „Mit den Schwingen eines primitiven Vogels und dem Schwanz eines Dinosauriers stellt dieses Lebewesen, das in der chinesischen Provinz Liaoning gefunden wurde, ein echtes *Missing Link* in der komplexen Kette dar, die die Dinosaurier mit den Vögeln verbindet ... Diese Mischung aus weiterentwickelten und primitiven Merkmalen ist genau das, was Wissenschaftler bei einem Dinosaurier, der mit dem Fliegen experimentiert, erwarten würden."[17]

Zum Leidwesen der evolutionistischen Welt war der *Archaeoraptor* ein Betrug – eine Fälschung, die von einem chinesischen Bauern aus Profitgier fabriziert worden war. Schon bald ergaben Untersuchungen, dass das Fossil eine „zusammengebastelte" Kombination von bis zu fünf verschiedenen Exemplaren war.

Foto: Sterkfontein

Übergangsformen vom Affen zum Menschen

1. Der Ramapithecus

Im Jahr 1960 rekonstruierte Elwyn Simons von der Yale-Universität einige Kiefer- und Zahnbruchstücke, die 1932 in Nordindien gefunden worden waren. Er nannte seine Rekonstruktion *Ramapithecus*, den Vorfahren des Menschen. Diese Theorie gewann unter evolutionistischen Anthropologen bald breite Akzeptanz. Dann wurde jedoch im Jahr 1976 ein vollständiger Kiefer eines *Ramapithecus* gefunden. Er war ganz offensichtlich nicht-hominid (nicht-menschenähnlich), und so wurde die Theorie wieder fallen gelassen. Der *Ramapithecus* wird jetzt als ein affenähnliches Wesen klassifiziert, das mit dem Orang-Utan verwandt ist.[18]

2. Der Nebraska-Mensch

Neben der Fälschung des Piltdown-Menschen (der 40 Jahre lang zur Förderung der Evolutionstheorie benutzt wurde) steht der Nebraska-Mensch für einen der peinlichsten Vorfälle der Evolutionstheorie. In diesem Fall behaupteten Vertreter der Evolutionstheorie, einen „Affen-Menschen" gefunden zu haben. Henry F. Osborn, Direktor des amerikanischen Museums für Naturgeschichte, gab ihm den wissenschaftlichen Namen *Hesperopithecus haroldcookii*. Eine Rekonstruktion basierte auf dem 1922 gemachten Fund eines einzigen fossilen Zahns, der im Westen Nebraskas entdeckt worden war.

Foto: Wikimedia

Nach weitergehenden Untersuchungen musste man im Jahr 1927 allerdings widerwillig zugeben, dass der Zahn von einem *Prosthennops* stammte, einem ausgestorbenen Schwein. Das betrachtete man jedoch generell nicht als eine erwähnenswerte Nachricht. Immerhin machte die Zeitschrift *Science* eine vorsichtige Andeutung, indem sie erwähnte, dass der Zahn offenbar nicht zu einem Menschen oder Affen gehörte.[19] Die *Encyclopaedia Britannica* verbrämte diese Tatsache mit den beschönigenden Worten: Der Zahn gehöre zu einem „Lebewesen einer anderen Ordnung".[20] In der 15. Auflage der *Encylopaedia Britannica* wurden sämtliche entsprechenden Hinweise schließlich gelöscht.

Foto: Wikimedia

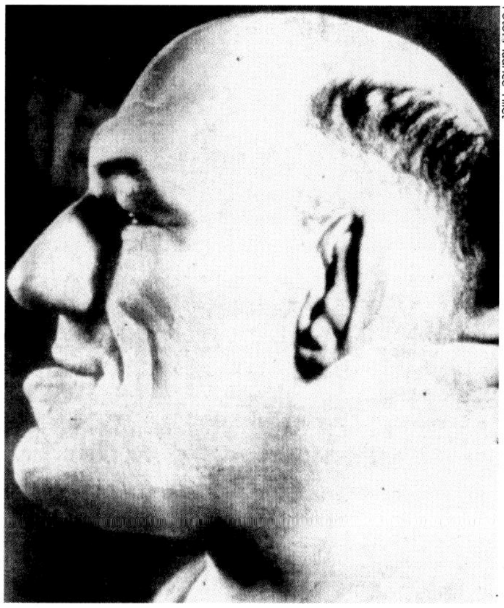
Foto: Maurice Tillet

Der Neandertaler: Zunächst als bestialisches affenähnliches Wesen dargestellt, wird er heute zur Gattung der Homo sapiens gerechnet, also als Mensch betrachtet, wie man ihm auch „in einer New Yorker U-Bahn" begegnen könnte.

3. Der Neandertaler

Dies war der Name, der einigen Knochenfunden aus dem Neandertal in der Nähe von Düsseldorf gegeben wurde (1856). Obwohl die ersten Rekonstruktionen dem Neandertaler eine bestialische, affenähnliche Erscheinung gaben, wird er heute allgemein als eine Spielart oder Rasse des *Homo sapiens* angesehen. In jüngerer Zeit durchgeführte DNA-Untersuchungen haben bestätigt, dass sich der Neandertaler sogar mit dem modernen Menschen gekreuzt hat.[21]

Eine Zeichnung des Neandertalers erschien 1909 in *The Illustrated London News*. Die Anthropologen William Straus und A. J. E. Cave haben die Fakten noch einmal neu untersucht und festgestellt: Wenn ein Neandertaler „wieder auferstehen würde und man ihn in eine New Yorker U-Bahn setzen würde – vorausgesetzt er sei gebadet, rasiert und in moderne Kleidung gesteckt –, es zu bezweifeln sei, dass er mehr Aufmerksamkeit erregen würde als irgendein anderer Fahrgast."[22]

Foto: Neanderthals-Artist's rendition

Funde von alten Schädeln und Knochenfragmenten stellten sich immer öfter als die von normalen Menschen heraus. Entsprechend veränderten sich auch die Darstellungen unserer Vorfahren.

4. Die Australopithen – einschließlich „Lucy"

Als jüngster evolutionistischer Kandidat für einen „Affen-Menschen" muss eine Gruppe von afrikanischen Fossilien namens Australopithen oder Australopithecina herhalten.[23] Der erste Fund dieser Art geht auf das Jahr 1924 zurück. Hierbei handelte es sich um einen kleinen affenähnlichen Schädel, der von Raymond Dart die Bezeichnung *Australopithecus africanus* erhielt. 50 Jahre lang wurde der Öffentlichkeit erzählt, dass dies unser evolutionistischer Vorfahre sei.[24]

Im Jahre 1974 fand das Team von Donald Johanson dann in Äthiopien ein 1,10 m großes, angeblich zu 40 % vollständiges Skelett. Es erhielt den Spitznamen „Lucy". Man erklärte, es handele sich hier um einen Hominiden – einen „weiblichen Affen-Menschen". Lucy erhielt (zusammen mit anderen in der Nähe gefundenen ähnlichen Knochen) den wissenschaftlichen Namen *Australopithecus afarensis.*

Mithilfe eines einfachen Schachzugs wurde dann Darts *A. africanus* durch diesen neuen Australopithecus „Lucy" als unser evolutionärer Ahne ersetzt, indem man erklärte, sie sei eine Million Jahre oder so älter. Der *Africanus* wurde dadurch zu einer Seitenlinie erklärt und war nicht länger Mitglied der Ahnenreihe.

Heutzutage haben detaillierte numerische Analysen ihrer Anatomie gezeigt, dass die Australopithen keine Zwischenformen darstellen. Vielmehr handelt es sich um eine einzigartige, inzwischen ausgestorbene affenartige Gruppe von Lebewesen, die „sich stärker vom Menschen und von afrikanischen Affen unterscheiden als sich heutige Menschen und afrikanische Affen voneinander unterscheiden."[25] Allerdings haben die Evolutionisten nichts, um die durch Lucy entstandene Lücke zu füllen. Deshalb wird sie immer noch fälschlicherweise in den meisten Abhandlungen der menschlichen Evolution als Glied aufgeführt.[26]

Fazit

Was in der Vergangenheit war, wird sich zweifellos in der Zukunft wiederholen: Evolutionisten und evolutionistische Journale werden weiterhin eine dürftige Zahl an angeblich in Frage kommenden „Missing-Link-Fossilien" als „Beweise" für die Evolution und „Gegenbeweise" für die Bibel propagieren – und das trotz der Tatsache, dass die riesige Zahl von Fossilien, die existieren müssten, wenn die Evolution wahr wäre, hartnäckig durch Abwesenheit glänzen. Die einzige Alternative zu diesem Verhalten wäre, der Tatsache ins Auge zu schauen, dass wir durch Gott erschaffen wurden und ihm gegenüber verantwortlich sind. Doch die heute laut angepriesenen Fossilien werden sicherlich bei neuen Beweisen wieder klammheimlich verschwinden und dann durch neue Funde ersetzt werden. *Caveat lector* (Der Leser möge sich selbst überzeugen)!

1 Andere Bezeichnungen: Zwischenformen, Zwischenglieder, Intermediärformen, Missing Links, Mosaikformen **2** Charles Darwin: *Über den Ursprung der Arten*, 1859, Kap. 10. http://www.textlog.de/25140.html **3** Siehe Bates G., "That quote! about the missing transitional fossils", *Creation* **29** (1):12–15, Dez. 2006, creation.com/pattquote. **4** S. J. Gould, „Evolution's erratic pace", *Natural History* **86** (5):14, Mai 1977. **5** Mit dieser Aussage soll nicht fortschreitende wissenschaftliche Erkenntnis herabgesetzt werden. Auch Kreationisten haben eine Liste von früheren Pro-Schöpfungs-Argumenten, die wir nicht länger verwenden oder empfehlen. Siehe creation.com/dontuse. **6** E. Ahlberg und J. A. Clack, „A firm step from water to land", *Nature* **440** (7085): Cover und S. 747–49, 6. April 2006. **7** Siehe J. Sarfati, "Tiktaalik roseae, a fishy missing link", *J. of Creation* **21** (1): 53–57, 2007; creation.com/tiktaalik. Siehe auch T. Walker, „Tetrapods from Poland trample the Tiktaalik school of evolution", creation.com/tetrapod-footprints. **8** G. Niedzwiedzki, et al, „Tetrapod trackways from the early Middle Devonian period of Poland", *Nature*, **463** (7277): Cover und S. 43–48, 7. Januar 2010. **9** Siehe creation.com/coelacanth. **10** P. Gingerich, *et al.*, „Origin of Whales in Epicontinental Remnant Seas: Evidence from the Early Eocene of Pakistan", *Science* **220** (4595): Cover und S. 403–06, 22. April 1983. **11** Christian de Muizan, „Walking with Whales", *Nature* **413** (6853): 259–60, 20. Sept. 2001. **12** R. Dawkins, *The Greatest Show on Earth: the evidence for evolution*, London, 2009, 170. **13** *Nature*, 27. Juli 2011. **14** M. Oard, „Very old bird tracks claimed to be from an unknown dinosaur", *J. of Creation* (früher TJ) **17** (2): 4–5, 2003, R. der Melchor, S. Valals & J. Genise, zitiert in: „Bird-like fossil footprints from the Late Triassic", *Nature* **417**: 936–938, 27. Juni 2002. **15** A. Anderson, „Early bird threatens *Archaeopteryx's* Perch", *Science* **253** (5015):35, 5. Juli 1991. Siehe auch Beardsley, T., "Fossil bird shakes evolutionary hypotheses", *Nature* **322**: 677, 21. August 1986. **16** Für eine ausführlichere Erörterung der Beziehung des *Archaeopteryx* zu modernen Vögeln siehe J. Woodmorappe, „Bird evolution: discontinuities and reversals", *J. of Creation* **17** (1): 88–94, April 2003; creation.com/bird-evolution. **17** C. P. Sloan, „Feathers for *T. Rex?*: new birdlike fossils are missing links in dinosaur evolution", *National Geographic* **196** (5): 98–107, Nov. 1999. Bzgl. der Rücknahme siehe L. Simons „Archaeoraptor Fossil Trail", *National Geographic* **198** (4): 128–132, Okt. 2000. **18** Basierend auf *Ramapithecus* (fossil primate genus) Britannica Online Encyclopedia. Siehe auch *Ramapithecus*, *Columbia Encyclopedia* 6. Auflage, 2008, encyclopedia.com/topic/Ramapithecus.aspx. **19** W. K. Gregory, „*Hesperopithecus* Apparently not an ape nor a man", *Science* 60 (1720): 579–581, 16. Dez. 1927. **20** *Encyclopaedia Britannica* 14. Ausgabe, gedruckt 1929, Bd. 14, 767. **21** Siehe R. Carter, „*Neanderal* genome like ours", creation.com/neandergenes. **22** W. Straus, and A. J. E. Cave, „Pathology and posture of Neanderthal Man", *Quarterly Review of Biology*, **32**: 348–63, Dez. 1957. **23** Von *australo* („südlich") and *pithecus* „Affe". **24** Vgl. R. Grigg, „Raymond Dart and the missing link", *Creation* **28** (4): 36–40, Sept. 2008. **25** Siehe den evolutionistischen Anthropologen Prof. C. E. Oxnard, „Fossils, Teeth and Sex—*New Perspectives on Human Evolution*", 1987, x. Vgl. auch C. Oxnard, „The place of the australopithecines in human evolution: grounds for doubt?" *Nature* **258**: 389–395, 1975. **26** Vgl. D. Anderson, „No more love for Lucy?" creation.com/lucylove; C. Wieland, „The Lucy Child: more good news for creationists", creation.com/the-lucy-child; und M. Oard, „Did Lucy walk upright?" *J. of Creation* **15** (2): 9–10, 2001, creation.com/lucy.

Russell Grigg, M.Sc., Neuseeland, ist Chemiker, Theologe, Autor und Redakteur. Er gehört zum Team der Creation Ministries International. *Wir danken Ian Taylor, dem Autor von* In the Minds of Men, *für die Bereitstellung des Originalzitats, auf das sich Fußnote 20 bezieht.*

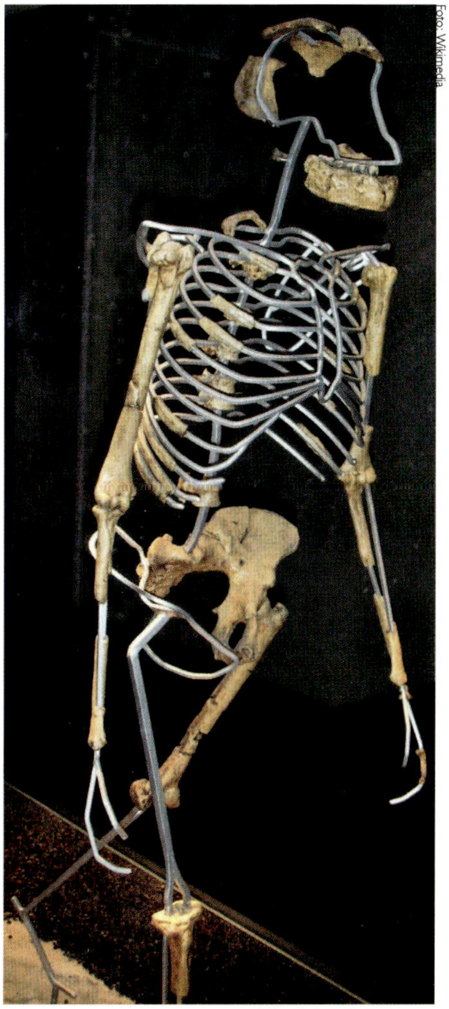

Foto: Wikimedia

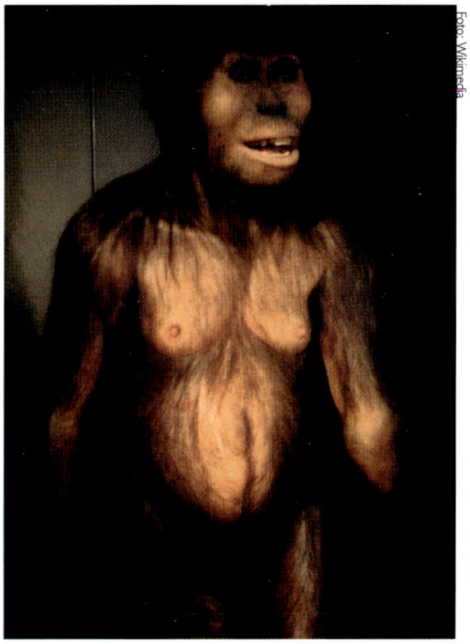

Foto: Wikimedia

Detaillierte numerische Analysen der Anatomie von „Lucy" haben gezeigt, dass sie keine Zwischenform zwischen Affe und Mensch darstellt. Vielmehr handelt es sich um eine einzigartige, inzwischen ausgestorbene Affenart.

IM SCHATTEN DES HOLLYWOOD BOULEVARD

von Gabriele Pietruska

DIE STEVE-WOHLBERG-STORY

„Hier, ich schenk dir was! Probier mal! Ist wirklich super!“ Das Mädchen im Schulbus stupste Steve an. In der Hand hielt sie einen glimmenden Stängel. Steve, Jahrgang 1959, war mit seinen 14 Jahren zu jung, um zu rauchen. Aber dieses selbstgedrehte Etwas vor

ekandshoot/dreamstime

Foto: Mzedig/dreamstime

seiner Nase war keine gewöhnliche Zigarette – es war ein Joint. Der Busfahrer war weit vorn und beschäftigt. Steve warf einen Blick auf die anderen im Bus. Sie alle rauchten das Zeug. „Warum nicht?“, sagte er sich. „Ich kann’s ja mal probieren!“

Diese erste Marihuana-Zigarette war der Anfang einer sechs Jahre dauernden Drogenkarriere. Sie führte Steve immer tiefer in den Schlamassel, hin zu stärkeren Drogen und den Folgen. Schließlich wurde er sogar ein Dealer. Steves Eltern hatten ihn nie wirklich vor Drogen gewarnt. Das hieß nicht, dass sie sich nicht liebevoll um ihn und seine zwei Geschwister kümmerten. Vielleicht hatten sie das Thema damals für verfrüht gehalten.

Steves Elternhaus – sein Vater war damals Mitinhaber eines gut gehenden Teppichgeschäfts – befand sich an einem besonderen Ort. Er lebte dort, wo die Sehnsüchte und Träume von Millionen Menschen hin wandern – direkt um die Ecke von Hollywood: gleich auf der anderen Seite des Hügels mit dem riesigen Hollywood-Schriftzug. Der berühmte Hollywood Boulevard war nur einen Katzensprung entfernt. Dort auf dem „Walk of Fame“ hatten sich die „Stars“ auf dem Asphalt verewigt – inzwischen fast 2.500 von ihnen aus Film, Theater und Musik. Ihre Kinder waren seine Schulkameraden. Er ging in so mancher Prachtvilla ein und aus, schwamm im Pool, hob Gewichte im privaten Fitness-Center, spielte Tennis und Billard und genoss Kostproben des Lebens der Reichen, Schönen und Berühmten.

Steve wuchs in Hollywood auf. In Sichtweite seines Elternhauses befand sich der berühmte Hollywood-Schriftzug. Mit 14 fing er an, Drogen zu nehmen. Das Leben der „Stars“ faszinierte ihn (Bild rechte Seite: Der „Walk of Fame“).

Steve wuchs in einem jüdischen Elternhaus auf. Mit Begeisterung feierten sie Feste wie das Passah. Man folgte den traditionellen jüdischen Vorschriften und aß Speisen wie Matze – ungesäuertes Brot. Zum Passah blieb immer ein Stuhl am Tisch frei. Er war für den erwarteten Messias oder die Rückkehr des Propheten Elia vorgesehen. Vor diesen leeren Platz wurde ein Kelch mit Traubensaft gestellt, den niemand als nur der

Shape-ups
EL CAPITAN
ROBERT YOUNG

Auch wenn Steve und seine Familie (Foto) keine gläubigen Juden waren, wurden Feste wie Passah und Bar Mitzwa, der Tag der Religionsmündigkeit, gefeiert.

Erwartete anrühren durfte.

Wie viele andere Juden auch feierte Steves Familie dieses Fest nur aus Tradition. Sie verbanden damit keine bewusste religiöse Bedeutung. Sie waren säkulare Juden. Religion existierte in Steves Erziehung nicht. Man sprach nicht darüber, man betete nicht, man las nicht in der Thora, man ging nicht in die Synagoge. Wenn ihn jemand gefragt hätte, wer die Arche gebaut hat, dann hätte er geantwortet: „Arche, was für eine Arche?“ Mose, Noah, Jakob: Alle diese Namen hatten keine Bedeutung für ihn. Das galt natürlich umso mehr für Begriffe aus dem Neuen Testament wie Jesus und andere christliche Inhalte. Was Religion betraf, gab es in seinem Gehirn nur eine riesige weiße Fläche.

Foto: trekandshoot/dreamstime

Die Glitzerwelt übte auf Steve eine umso stärkere Anziehungskraft aus, denn sein ganz normales Alltagsleben hatte Berührung mit der Show-Branche. Er besuchte die „North Hollywood High School“. Berühmtheiten aus bekannten Filmen waren die Nachbarn und Freunde seiner Eltern. Mit 14 begann er, den Sog dieser faszinierenden Welt mit ihrer Jagd nach den scheinbar befriedigenden Dingen des Lebens intensiv zu spüren. Schule war eine unangenehme Pflicht, durch die man sich irgendwie durchmogelte. Das eigentliche Leben konzentrierte sich auf Dinge, die ihm einen „Kick“ gaben.

Rockmusik und Rockkonzerte wurden zum alles bestimmenden Element seines Lebens. Es war nicht zu überhören, wenn Steve zuhause war. Dann drehte er die Stereo-Anlage bis zum Anschlag auf und ließ sich von seinen Lieblingsgruppen volldröhnen. Die typischen Bands der 1970er Jahre wie die Bee Gees und Black Sabbath, aber vor allen Dingen die Rolling Stones. Mick Jagger hatte es ihm angetan. Trotz eines Lebens voller Drogen schien er fit zu sein und gröhlte sein *I can't get no satisfaction!* hinaus. Steve war ständig in Diskotheken unterwegs – mit langen Haaren und voller Lebenshunger. Das „Saturday Night Fever“ seines Idols John Travolta hatte ihn gepackt.

Viele seiner Freunde waren die Kinder von „Stars“. Sie wohnten in Beverly Hills (Foto). Hier ging Steve ein und aus; hier feierte er so manche Party.

Immer später wurden die Nächte. Oft kam er erst morgens um drei oder vier Uhr nach Hause. Alkohol und Drogen bestimmten sein junges Leben. Fast täglich rauchte er Marihuana, auch in der Schule. Und seine Ernährung bestand aus Junkfood. Der Raubbau an seinem Körper war schlimm.

Damit war er nicht allein. Einige seiner Freunde bezahlten ihren Lebensstil mit dem Leben. Seine 16-jährige Freundin Lisa starb an einer Überdosis, sein Freund Michael an Leberzirrhose. Doch wie durch ein Wunder überlebte Steve seinen selbstmörderischen Kurs. Vielleicht weil er mit Basketball, Baseball und anderen Sportarten einen gewissen Ausgleich hatte.

Mit 16 durchlebte er die Scheidung seiner Eltern. Welch ein Drama! Er zog mit seinem Vater zusammen, seine Geschwister mit der Mutter. Dies war die Zeit, als er auf härtere Drogen umstieg, bis hin zu Kokain und LSD. Ganz selten blitzte so etwas wie die Frage nach dem Sinn des Lebens durch seine Gedanken. Gab es da draußen irgendetwas Anderes – etwas Besseres?

Ein Erlebnis mit einer Freundin hinterließ bei ihm einen starken Eindruck. Sie erzählte ihm voller

Foto: Photoquest/dreamstime

Foto: Robert Adrian Hillman/dreamstime

Steves Lebensinhalt waren Partys, Spaß und Drogen. So ging es auch seinen Freunden. Zwei von ihnen starben – wegen einer Überdosis und an Leberzirrhose. Sein Vorbild war John Travolta (Bild unten), dessen wildes Leben à la „Saturday Night Fever“ auch seinen Idealen entsprach.

Panik, dass sie so etwas wie einen kurzen Einblick in die unsichtbare Welt gehabt habe – sie hätte finstere Gestalten gesehen, Dämonen, die um die Menschen herum waren und sie bedrängten. Zum ersten Mal fragte sich Steve, ob es eine übernatürliche Macht gibt, so etwas wie den Teufel. Er hatte sich über solche Dinge noch nie Gedanken gemacht. Er war zu beschäftigt mit seinen wilden Partys.

Aber es schien, als würde dort oben jemand mitleidig auf diesen jungen Mann herabschauen und sagen: „Ich werde ihn herausholen aus diesem Sumpf. Ich werde ihn retten vor seiner Selbstzerstörung. Ich werde ihm etwas Besseres anbieten als nur den kurzen Kick eines selbstbetrügerischen Rausches. Ich liebe diesen Jungen.“

Es waren kleine, „zufällige“ Dinge, die Steve nachdenklich machten. Eines Tages war er mit einem Freund unterwegs, um in einem Bach Forellen zu fangen. Mit ihren Angeln über den Schultern gingen sie am Ufer des Flusses entlang und genossen die herrliche Natur. Plötzlich erregte etwas Steves Aufmerksamkeit. Jemand hatte mit einer Spraydose „Repent or perish!“auf einen Felsvorsprung gesprüht, „Tue Buße oder stirb!“

Das war vielleicht nicht die eleganteste Methode, jemanden zum Überdenken seines Lebens aufzufordern, aber diese Aussage traf Steve mitten ins Herz. Es war wahrscheinlich das erste Mal, dass er einem Satz aus der Bibel begegnete. Er hatte keine Ahnung, was Buße tun bedeutet. Aber er spürte, dass es hier um ernste Dinge ging. Buße tun oder sterben. Es war, als hätte sich dieser Satz in sein Bewusstsein gebrannt. Immer wieder ging er ihm durch den Kopf. Er war wie ein Samenkorn, das Wurzeln schlug und langsam heranreifte.

Ein zweites Samenkorn fiel, als er mit einem Freund auf der Highway 111 in Palm Springs unterwegs war. Palm Springs war damals ein Pilgerort für Hippies und lebenshungrige junge Leute. Massen von Menschen schoben sich über den Boulevard. Mitten in diesem Getümmel fiel Steve ein Pick-up ins Auge. Auf der Ladefläche waren Personen mit Megaphonen. Es waren Christen, die diese etwas seltsame Methode benutzten, um andere auf ihren Glauben aufmerksam zu machen. Steve hörte sie über Gott sprechen. Ohne lange nachzudenken, rief er ihnen zu: „Hey, Jungs, ich bin Atheist!“ Er wusste eigentlich nicht, was das bedeutete. Aber einer der Männer auf dem Wagen hatte ihn gehört, drehte sich um, richtete sein Megaphon direkt auf ihn und rief: „DU DA! DU BIST EIN NARR! Schon bald, am Ende der Zeit, wirst du erkennen, dass du auf der falschen Seite warst!“ Steve zuckte zusammen. Er war ge-

Foto: Stokkete/dreamstime

Foto: Gerry Boughan/dreamstime

Bei einem seiner Ferienjobs arbeitete Steve direkt am Hollywood Boulevard. Bei einem Botengang sprach ihn ein junges Mädchen an: „Bist du gerettet?"

schockt. Mit einer solchen Reaktion hatte er nicht gerechnet. Aber irgendwie hinterließ dieser Satz bei ihm einen Eindruck. Er begann, in seinen Gedanken zu arbeiten. „Du bist ein Narr! Du bist auf der falschen Seite!"

Einige Zeit später arbeitete er als Hilfskraft in einer Drogerie – direkt auf dem Hollywood-Boulevard. Eines Tages sollte er etwas für seinen Chef besorgen. Als er sich durch die Fußgängermassen drängte, zupfte ihn jemand am Ärmel und sagte: „Entschuldigen Sie, Sir, entschuldigen Sie!" Er drehte sich um und schaute in das Gesicht eines jungen Mädchens, vielleicht 15 Jahre alt. Sie trug ein Buch in der Hand. Und obwohl er noch nie in seinem Leben eine Bibel auch nur berührt hatte, wusste er sofort, dass das eine Bibel war. Das Mädchen schaute ihn ernst an und fragte: „Bist du gerettet?" Das war alles: „Bist du gerettet?" Steve war verdattert. Er konnte mit dieser Frage nicht viel anfangen. Spontan erwiderte er: „Ich wusste gar nicht, dass ich verloren bin!" Dann drehte sich um und ging weiter. Er machte seine Besorgung, kehrte in den Laden zurück und fing an, Sachen in ein Regal zu räumen.

Plötzlich sah er im Augenwinkel, wie jemand vorsichtig um die Ecke des Regals lugte. Es war wieder das Mädchen. Sie war ihm gefolgt. Ihre Augen trafen sich. „Oh nein!" dachte er. „Das Bibel-Mädchen! Sie verfolgt mich! Sie ist hinter mir her!" Sie sagte jedoch nichts und verschwand wieder – so lautlos wie sie gekommen war. Aber der Eindruck, den sie hinterließ, verschwand nicht so schnell. Er war ein weiteres Samenkorn, das Steve gedanklich beschäftigte. Bist du gerettet? Bist du gerettet? Was bedeutete das? War er verloren? Er bewegte diese Gedanken in seinem Herzen. Tatsache war, sein Leben drehte sich nur um sein eigenes Vergnügen. Er war jetzt 19, lebte aber ohne Ziel.

Der folgende Sommer sollte eine Wende in Steves Leben bringen. Seine Zeit am Los Angeles Valley College war vorbei, und er war auf der Suche nach einem Job für den

Sommer. Sein Vater ließ seine Beziehungen in der Film-Branche spielen, und so kam Steve an einen der begehrten Jobs als Statist. Welch eine Aussicht! Jetzt würde er einen Fuß in der Tür zum Filmgeschäft haben. Das schien die Erfüllung seiner Träume zu sein. Vielleicht war das das Sprungbrett ins Showgeschäft! Denn jetzt war er in Reichweite der großen und wichtigen Leute.

Steve ließ sich von einer Casting-Agentur zu Dreheinsätzen vermitteln – kleine Rollen in Werbefilmen, Statisten-Rollen in Serien und Filmen. Hier ein kleiner Job, da ein kleiner Job. Etwas tanzen, etwas Basketball spielen, einen Truck fahren, in einer Einkaufshalle sitzen und eine Cola trinken: Das waren die Aufgaben. Sie erforderten kein wirkliches Schauspiel-Talent. Er arbeitete für Universal Studios, Walt Disney, Burbank Studios, Paramount Pictures: all die großen Namen der Film-Industrie.

Foto: Daniel Raustadt/dreamstime

In seinen Semesterferien, kurz bevor er sein Studium an der California State University in Northrich (Foto unten) fortsetzte, arbeitete Steve als Statist für mehrere Filmstudios, unter ihnen auch Paramount Pictures (Foto).

Eines Tages rief er bei seiner Agentur an, um wieder einmal nach Arbeit zu fragen. „Wir haben einen Auftrag für Sie", sagte man ihm, „und zwar in einer Serie mit dem Titel *From Here to Eternity*. Der Dreh findet in Oxnard statt, direkt am Strand." Von hier in die Ewigkeit! Wie sehr sich der Titel dieser Serie für sein eigenes Leben bewahrheiten sollte! Er fuhr zum Drehort und bereitete sich auf seine Statistenrolle vor. Er musste eine Militäruniform tragen und auf Kommando über den Strand laufen, das Maschinengewehr im Anschlag. Aber die meiste Zeit saß er nur herum und langweilte sich. Däumchen drehen, Karten spielen, Quatschen – und auf den Einsatz warten. So ist das Statistenleben nun einmal. Ein bisschen Abwechslung war da durchaus willkommen.

Sie kam in Gestalt eines anderen Statisten, der in seiner Uniform auftauchte und von seinem Glauben sprach. Er erzählte von Jesus Christus, von der Bibel, dass wir in der letzten Zeit leben, dass Jesus bald wiederkommt, dass wir nach dem Tod wieder aufwachen werden und dass wir uns vorbereiten müssen. Steve bekam große Ohren. Keiner in der Gruppe interessierte sich für das, was dieser junge Christ erzählte. Aber die Samenkörner, die das Bibel-Mädchen und die anderen in Steves Bewusstsein gelegt hatten, hatten den Boden vorbereitet. Steve wollte mehr erfahren. In der Mittagspause sprach er mit dem Jungen. Er bombardierte ihn mit Fragen. Schließlich sagte der Junge: „Steve, wenn du mehr über die Bibel und über Prophetie erfahren willst, dann solltest du dir eine Bibel besorgen und darin lesen."

Steve erinnerte sich, dass die neue Frau seines Vaters aus einem baptistischen Elternhaus stammte. Sie praktizierte ihren Glauben zwar nicht, aber vielleicht besaß sie eine Bibel. Und – Bingo – in ihrem Bücherregal

Foto trekandshoot/dreamstime

wurde er fündig. Das erste Mal in seinem Leben hielt er eine Bibel in der Hand.

Am nächsten Tag musste Steve an einem Set arbeiten, an dem die Show *Family* mit Kristy McNichol gedreht wurde. In der Zeit des Wartens setzte sich Steve in eine stille Ecke und zog seine Bibel hervor. Aber wo sollte er anfangen? Er hatte nicht die geringste Ahnung. Er schaute in das Inhaltsverzeichnis und stolperte über ein Wort: Ekklesiastes! Was war denn das für ein Name? Aber irgendwie klang das Wort interessant! Er schlug

Foto: Marius Wigen Andersen/dreamstime

In den Worten des Königs Salomo (Prediger), auf die er bei seinem Bibelstudium gestoßen war, erkannte er seine eigene Erfahrung wieder und die von Mick Jagger von den Rolling Stones („I can't get no satisfaction!").

Seite 761 auf und fing an zu lesen.

Ekklesiastes wird auch „Kohelet" oder „Prediger" genannt und erzählt die Geschichte des Königs Salomo. Er schreibt über sich selbst, und zwar wie er im Überfluss lebte, unglaublich viel Geld besaß, Ländereien, Häuser und alles hatte, was er sich nur wünschen konnte. Er hatte einen Harem, war mächtig und einfach stinkreich. Und doch – so schreibt er – inmitten all dieser Besitztümer war er nicht glücklich. Alle diese Dinge sind nur eitel, eitel, eitel – Nichtigkeiten und Haschen nach Wind. „Der klingt wie Mick Jagger", dachte Steve. „I can't get no satisfaction!"

Er hielt inne. „War das nicht seltsam? Salomo hatte alles. Und doch schien ihm alles so sinnlos." Plötzlich wurde Steve bewusst, wie sehr sich seine eigene Situation in diesen Worten widerspiegelte: „Hier sitze ich in Hollywood, drehe Filme, verdiene Geld, meine Schauspielkarriere lässt sich gut an, bald werde ich tiefer ins Showbusiness einsteigen, und eigentlich läuft alles gut für mich. Aber tief drinnen fühle ich mich leer, einfach leer. Ich habe keine Befriedigung, keine Erfüllung – wie Mick Jagger."

Dann fiel Steves Blick auf die Leute um ihn herum, mit denen er arbeitete. Er beobachtete den Regisseur und die Schauspieler. „Ja, wenn sie vor der Kamera stehen, dann lächeln sie", dachte er, „aber hinter den Kulissen sehen sie oft einfach nur gestresst und unglücklich aus. Sie schwimmen alle im Geld und sind berühmt und leben ihren Traum. Und dennoch: Da fehlte etwas." Vielleicht war Hollywood doch nicht das, was es versprach.

Steve las weiter in der Bibel, und es kam ihm vor, als würde eine Stimme zu ihm zu sprechen. Er nahm seine Bibel jetzt überall mit hin. Er verstand nicht alles, aber er las weiter. Die Bibel zog ihn in ihren Bann. Er las hier ein wenig, da ein wenig, ohne Plan. Aber was er las, faszinierte ihn. Und dann geschah etwas Seltsames: Er spürte, wie diese „Stimme aus dem Buch" zu ihm sprach und ihn zu sich ziehen wollte, zur Wahrheit, zu Gott, zum Himmel. Aber da war gleichzeitig etwas Anderes. Es zog ihn in die andere Richtung. Manchmal hatte er das Gefühl, dass er auseinandergerissen wurde. Gott lockte ihn in eine Richtung, der Gegenspieler zog in die andere. Er dachte: „Dieses Buch kann man nicht nur einfach lesen und beiseite legen. Es verändert einen. Aber wenn ich diesem Buch folgen will, kann ich nicht so weiterleben wie bisher. Dann muss sich in meinem Leben einiges ändern. Aber will ich das? Will ich mich wirklich ändern? Ja", dachte er, „ich muss mich ändern. Ich kann nicht so weitermachen mit Drogen und durchtanzten Nächten und Alkohol und dem wilden Leben. Aber will ich mich wirklich ändern?" Er spürte einen inneren Kampf.

Am Ende des Sommers schrieb

Als er sich in das Studium des Lebens Jesu in der Bibel und dem Buch *The Desire of Ages* versenkte, entschloss sich Steve zur Nachfolge Christi und zu einem neuen Leben. Heute ist er Sprecher/Direktor des Medien-Missionswerks „White Horse Media".

sich Steve an der California State University in Northrich ein. Ungefähr in der Zeit schenkte ihm jemand ein Buch über das Leben Jesu von Ellen White (*The Desire of Ages*; in Deutsch bekannt unter den Titeln *Das Leben Jesu* und *Der Eine: Jesus Christus*). Das war für ihn angesichts seines jüdischen Hintergrunds ein völlig neues Thema. Bei seiner Bibellektüre war er noch nicht bis ins Neue Testament vorgedrungen. Er wusste nicht einmal, dass es so etwas wie ein Neues Testament gibt. Steve saß in seinem Studentenwohnheim, zwischen Leuten, die lieber wilde Partys feierten, und vertiefte sich in das Jesus-Buch. Parallel begann er, das Neue Testament zu entdecken.

Es war das erste Mal in seinem Leben, dass er hier etwas von einem Kind hörte, das vor 2000 Jahren in Bethlehem geboren wurde, von den Schafhirten und den Engeln, den weisen Männern, die dem Stern folgten. Eine völlig neue Welt öffnete sich ihm. Er las, wie der zwölfjährige Jesus im Tempel mit den Gelehrten über die Bibel diskutierte und er dachte: „Wow! Dieses Kind ist so anders." Er verglich sein eigenes Leben mit dem von Jesus. Dieser Jesus dröhnte sich nicht mit Mick Jagger voll, er ließ sich nicht mit Drogen ein, er war ganz rein und sündlos, ein heiliges Kind. Der Kontrast zu seinem eigenen Leben wurde ihm überdeutlich bewusst. Er las weiter, wie Jesus lernte, als Tischler mit Holz zu arbeiten, wie er für andere Menschen Tische und Stühle anfertigte. Wie er hilfsbereit war und sich für andere einsetzte. Er war ein ganz normaler Mensch mit Augen, Nase und Armen, aber doch so anders als andere. Er lebte ein ganz normales irdisches Leben, obwohl er doch der ewige Sohn Gottes war, in menschlicher Gestalt.

In Steves Zimmer stapelten sich die Fachbücher über Ökonomie, Statistik usw., aber sein Interesse an diesen Themen verblasste angesichts dieses Buches über Jesus Christus. Er las, wie Jesus seinen öffentlichen Dienst begann, wie sich die Menschenmassen um ihn drängten und jemand sagte: „Noch nie hat ein Mensch so geredet wie dieser Mann!" Er las, wie Jesus seine Hand ausstreckte und die Menschen berührte und sie heilte, wie Wunder über Wunder durch seine Hand geschahen. Wie Blinde wieder sehen konnten. Wie Taube hören konnten. Wie Gelähmte aufsprangen und hüpften

Steves Sendungen über Jesus Christus, die Bibel und prophetische Themen werden inzwischen von über 225 Stationen weltweit ausgestrahlt.

und jubelten und Gott lobten. Er las von Menschen, die Angst hatten, und wie Jesus zu ihnen kam und sagte: „Habt keine Angst, fürchtet euch nicht." Er las von Menschen, die nicht wussten, wo es lang geht, und Jesus sagte: „Ich bin der Weg, die Wahrheit und das Leben", und ihr verwirrtes Leben ordnete. Einsamen Menschen wurde Jesus ein Freund. Menschen, die voller Sünde waren, vergab er und ermöglichte ihnen einen Neuanfang. Er befreite die Menschen und trieb böse Geister aus. Er heilte die Herzen der Menschen und veränderte sie. Steve las mit immer größerem Erstaunen. Was war das für ein Mensch! Wer ist dieser Jesus? Er hatte bisher nichts über Jesus gewusst. Alles, was er las, war völlig neu für ihn. Die Geschichte packte ihn. Er rauchte zwar immer noch Marihuana, aber in seinem Kopf und in seinem Herzen arbeitete es.

Er las, wie Jesus mit seinen Jüngern Passah feierte. Wie er den Kelch, der für den Messias vorgesehen war, nahm und an seine Jünger weiterreichte. „Dies ist das Blut …, das für viele vergossen ist zur Vergebung der Sünden", sagte er. Sünde – Vergebung der Sünden – in Steves Gedanken arbeitete es. Vielleicht ist das etwas, was ich auch brauche, Vergebung der Sünden. Er hatte sich nie über Sünde Gedanken gemacht. Aber jetzt spürte er, dass Sünde sein Leben belastete, dass er Vergebung brauchte, dass er diese Bürde nicht mehr tragen wollte, diese Schuldgefühle.

Dann las er, wie Jesus mit seinen Jüngern in den Garten Gethsemane hinausging (*vgl. auch „Aus prophetischer Sicht" auf S. 96 dieser Ausgabe*). Seine Jünger sollten am Eingang auf ihn warten. Er selbst ging weiter in den Garten hinein. Plötzlich ging mit Jesus eine Veränderung vor sich. Er wurde von tiefster Traurigkeit und Angst überfallen. Er sagte zu seinen Jüngern, dass er unter der Last, die er zu tragen habe, fast zusammenbreche. Er fiel mit dem Gesicht auf den Boden und zitterte und zagte. Bluttropfen traten auf seine Stirn. Was geschah hier? Warum war Jesus so unendlich traurig? Warum zerbrach er beinahe an dieser Last? Was ging hier vor? „Meine Seele ist betrübt bis an den Tod". Was lastete so schwer auf seiner Seele? Er war doch sonst so heiter?

Steve las weiter und begann, wenn auch noch nicht vollständig, zu verstehen, dass hier an diesem Ort, in diesem Moment, die Sünden der ganzen Welt, von Adam an, auf Jesus gelegt wurden. Dass sie auf geheimnisvolle Weise auf seine Seele, sein Bewusstsein, sein Herz übertragen wurden. Steve las, wie Jesus weiter in den Garten hineinging, damit seine Jünger nicht Zeugen seines Leidens und seiner Agonie wurden. Er war an einem Punkt, an dem er fast aufgegeben hätte, an dem er die unendliche Last nicht mehr tragen konnte. „Wenn es möglich ist, dann lass diesen Kelch an mir vorüber gehen", flehte er seinen Vater an. Dies war ein symbolischer Kelch, der die Sünden aller Menschen darstellte, die Jesus auf sich nahm. Jesus kämpfte, er litt, er wusste nicht, ob er es schaffen würde, diesen Kelch zu trinken.

Und dann kam ein Engel vom Himmel und stärkte ihn, er nahm nicht den Kelch fort, aber er gab ihm Kraft, damit er die Aufgabe meistern konnte. Jesus wusste, was es bedeutete, diesen Kelch zu trinken. Und er ging den Weg im vollen Bewusstsein dessen, was ihn erwartete. Er sagte: „Vater, dein Wille geschehe. Wenn das der Preis ist, der bezahlt werden muss, um die Menschen zu retten, um ihnen eine Chance auf ewiges Leben zu geben, dann bin ich bereit, dies zu tun. Ich liebe die Menschen so sehr. Ich bin bereit, alles für sie zu tun."

Steve war ergriffen. Er begann zu verstehen, dass das, was er dort las, etwas mit seinem Leben zu tun hatte, dass es seine Schuld, seine Sünde war, die dort auf Jesus gelegt wurde, dass er seinetwegen und für ihn litt. Und er sagte sich: „Dieser Mann ist bereit, alles zu verlieren, alles aufzugeben, alles zu schenken, nur für die Menschen, die er so sehr liebt – auch für mich. Deshalb will ich diesen Mann. Ich will ihn, der mich so sehr liebt. Er kann meinem Herzen Befriedigung und Frieden geben." In diesem Moment traf Steve die Entscheidung: keine Drogen mehr, kein Alkohol, keine wilden Partys und keinen Mick Jagger.

Er las weiter und war völlig in den Bann gezogen von diesem Jesus. Er wusste nicht, was als Nächstes kommt. Er las über den Verrat, die Verhaftung, die endlose Nacht der Verhöre, die Jünger, die Jesus im Stich lassen, die Menschenmassen, die nach seinem Tod schreien: „Kreuzige ihn, kreuzige ihn!" Wie man Jesus verspottet, ihm eine Dornenkrone aufsetzt, ihn auszieht,

Seine Fernsehvorträge, DVDs und Bücher erreichen Tausende von Menschen. Viele seiner Themen befassen sich mit den geheimen Verführungen unserer Zeit. Sie richten sich gerade auch an Jugendliche.

grausam schlägt und anspuckt. Die Bluttropfen fallen auf die Erde. Und er schweigt. Er erträgt alles. Er leidet fürchterlichste Qualen, aber er schweigt. Er schweigt, weil er das alles für die Menschen erträgt, deren Sünde er in seinem Herzen spürt, weil er sie in diesem Moment trägt. Diese seelischen Qualen sind schlimmer als alle körperlichen Schmerzen. Dann werden Nägel durch seine Hände und Füße geschlagen und das Kreuz in den Boden gerammt. Sechs Stunden lang hängt er an dem Kreuz und leidet unbeschreiblich. Freiwillig.

Unglaublich lebendig steht die Szene vor Steves innerem Auge. Es ist, als sei er selbst dabei. Er liest mit fieberhafter Erregung. Was für ein Mensch, was für ein göttlicher Mensch! Steves Herz blutet: Er identifiziert sich so sehr mit diesem Mann Jesus. Und dann ruft Jesus aus: „Mein Gott, mein Vater, warum hast du mich verlassen?“ Jesus fühlt sich völlig im Stich gelassen, völlig allein, er spürt nicht mehr die Gegenwart des Vaters. Und das ist so unerträglich, dass er laut aufschreit. Es war keine „normale“ Einsamkeit, es war die auf ihm liegende Sünde der ganzen Welt, die die Trennung zwischen ihm und seinem Vater bewirkte.

Steve muss zurückdenken, wie er als 5-Jähriger geschrien hatte, „Papa, Papa, verlass mich nicht!“ Der Arzt musste ihn von seinem Vater wegreißen, um ihm nach einem Blinddarmdurchbruch das Leben zu retten. Steve beginnt zu verstehen. Damit das Leben von Millionen Menschen gerettet werden konnte, musste Jesus in diesem Moment, in dem schrecklichsten Moment, den je ein Wesen im Universum durchlebt hat, von seinem Vater weggerissen werden und diese grausame Trennung durchleben.

Und dann der Schock für Steve! Jesus stirbt. Er stirbt tatsächlich! Keine Rettung, keine wundersame Wendung der Geschichte. Er stirbt. Steve hat das Gefühl, ein Teil von ihm stirbt mit Jesus. Er ist wie am Boden zerstört. Jesus ist tot. Dieser wunderbare Mensch ist gestorben. Wie geht es jetzt weiter?

Steve saugte die Worte förmlich auf. Alles war neu für ihn. Er kannte die Geschichte nicht. Und dann die Erlösung: Der Engel kommt vom Himmel herab, rollt den Stein fort und Jesus steht von den Toten auf. Er lebt, er ist lebendig für immer, er besiegt den Tod! Es war, als wenn Steve mit ihm auferstand, ein neues Leben, ein neuer Anfang, eine unglaubliche Hoffnung, eine unglaubliche Geschichte – unglaublich, aber wahr. Steve war sprachlos – zutiefst berührt. Und er sagte: Ich will diesen Mann. Ich will ihn in meinem Leben. Ich will mit ihm leben. Und er fiel auf seine Knie, dort in seinem Zimmer, und sagte: Herr Jesus, ich weiß, dass es dich wirklich gibt. Ich weiß, dass du da bist. Ich bitte dich, komm in mein Leben. Wenn du mich willst, hier hast du mich. Nimm mein sündiges Leben, vergib mir meine Sünden. Komm in mein Leben, und rette mich.

Ein unvergleichlicher, nie erlebter Friede kam über Steve. Er konnte regelrecht spüren, wie diese Last der Schuld und Sünde von ihm abfiel, wie ein warmes Glück in sein Herz flutete. Er wusste, Jesus liebte ihn und er war jetzt sein Kind. Jesus hatte ihm ein neues Leben geschenkt. Er war mit ihm auferstanden, um ewig zu leben.

Steves Leben wurde völlig auf den Kopf gestellt. Die Erfahrung seines veränderten Lebens war so dramatisch, dass er sie an andere weitergeben wollte. Steve Wohlberg leitet heute das Medienmissionswerk „White Horse Media“ (www.whitehorsemedia.com). Seine Sendungen werden über 225 Stationen ausgestrahlt. Auf diese Weise berührt er mit seiner Botschaft Millionen von Menschen.

Gabriele Pietruska ist gelernte Ärztin und Redakteurin dieser Zeitschrift.

JESUS

WAS WIR WIRKLICH ÜBER IHN WISSEN

Wie zuverlässig sind die historischen Quellen?

von Jozef Astley

Jesus Christus ist zweifellos die umstrittenste Person der Geschichte. Von vielen gehasst, von Millionen geliebt: Die Diskussion um sein Leben und seine Lehren reicht bis in unsere Zeit. Selbst

Foto: Lane Erickson/dreamstime

Foto: Other photos - wikimedia

Foto: Carrienelson1/dreamstime

Foto: Victor5490/dreamstime

Sie alle haben sich mit Jesus beschäftigt: Mel Gibson (*Die Passion Christi*), Thomas Carlyle („Jesus ist der größte aller Helden“), Michail Gorbatschow („Jesus war der erste Sozialist“), Pierre Teilhard de Chardin (er spricht vom „kosmischen Christus“), Dan Brown (*Der Da Vinci Code*).

Hollywood hat sich mit dieser „luminösen Figur“, wie Albert Einstein ihn nannte, beschäftigt: Beispiele sind die Verfilmung des Bestsellers *Der Da Vinci Code* von Dan Brown im Jahr 2003 und der Film *Die Passion Christi* von Mel Gibson im Jahr 2004.

Jesus Christus erscheint immer wieder in den Schlagzeilen; jeder scheint seine eigene Meinung über ihn zu haben. Es gibt jede Menge Behauptungen, Interpretationen und Theorien. Der britische Philosoph Thomas Carlyle bezeichnete ihn als „den größten aller Helden“. Der sow-jetische Staatschef Michail Gorbatschow behauptet: „Jesus war der erste Sozialist, der erste, der danach strebte, das Los der Menschheit zu verbessern.“ George Bernard Shaw sagte: „Ich gebe zu: Er war ein erstklassiger politischer Wirtschaftsexperte.“ Theosophen sehen ihn als „einen der Meister der Weisheit des Altertums.“ Der jüdische Talmud schmäht ihn als Bastard und Betrüger. Einige Autoren der Gnostik bezeichnen ihn als Zauberer. Muslime sagen, er sei der Prophet Isa. Hindus betrachten ihn als einen von vielen Avataren.

Und dann gibt es natürlich die vielen Menschen, die behaupten, Jesus war ein guter Mensch, ein großer Lehrer der Moral oder ein Märtyrer, der fest an das, was er lehrte, glaubte. In einigen Büchern wird Jesus als marxistischer Revolutionär dargestellt oder als „Manager auf der Chefetage“ oder auch als „eine Art westlicher Konfuzius, der umherzog und den Menschen guten Rat gab“.

Dem könnte man noch neuere Vorstellungen hinzufügen: Dan Browns *Da Vinci Code* behauptet beispielsweise, Jesus sei der heimliche Liebhaber Maria Magdalenas gewesen. Und dann gibt es da noch Peter Josephs Dokumentarfilm *Zeitgeist: Der Film*. In ihm werden die Vorstellungen der New-Age-Autorin Acharya S. und ihres Buches *Die Christus-Verschwörung* verbreitet. Darin wird behauptet, Jesus habe historisch überhaupt nicht existiert. Er sei vielmehr eine mythologische Sonnengottheit gewesen – vergleichbar etwa mit Horus, Dionysus und Mithra –, und seine zwölf Jünger stünden für die zwölf Sternzeichen.

Peter Josephs Film *Zeitgeist: Der Film* propagiert die New-Age-Ideen der Acharya S.

Foto: Wikimedia

Es waren liberale Theologen der Universität Tübingen (Foto) wie David Strauß (kleines Fotos), die im 19. Jahrhundert unter dem Einfluss des Rationalismus und mit den Methoden der „Höheren Kritik" anfingen, die Evangelien zu zerpflücken.

Eine weitere Vorstellung ist die von Pierre Teilhard de Chardin, einem Jesuitenpriester und Gründer der New-Age-Bewegung. Er entwickelte die Idee eines „kosmischen Christus", eines panentheistischen Geistes, der angeblich das gesamte Universum umfasst und der die gesamte Schöpfung durchdringt.

Angesichts all dieser Behauptungen, Theorien und Interpretationen zur Person Jesus Christus stellt sich die Frage: Ist es in unserem postmodernen Zeitalter überhaupt möglich, die *Wahrheit* über Jesus herauszufinden, und zu wissen, wer der wirkliche Jesus der Geschichte war?

Die liberale Theologie und die Höhere Bibelkritik

Schon seit vielen Jahren stellen sich Theologen, Wissenschaftler und andere gebildete Personen die gleichen Fragen über den „historischen Jesus". Wenn es um das Leben und die Lehren Jesu Christi geht, waren bisher immer die ersten vier Bücher des Neuen Testaments unsere Hauptinformationsquelle: die Evangelien nach Matthäus, Markus, Lukas und Johannes. In Bezug auf diese Bücher schrieb der schottische Theologe James S. Stewart (1896-1990): „Jesus hat keine Autobiografie geschrieben. Er hat überhaupt nichts Schriftliches hinterlassen. Er hat sich und seine Lehren einfach nur den Herzen und der Erinnerung jener anvertraut, die ihn kannten und liebten. Und sie enttäuschten ihn nicht. Die vier kleinen Bücher, die wir Evangelien nennen, sind unsere Hauptinformationsquelle, ja, unsere einzige Informationsquelle, wenn es um das Leben und die Worte geht, die die Welt veränderten. Wir mögen uns wünschen, die Geschichte wäre in größerem Umfang und mit mehr Details erzählt worden. Doch wir wissen, dass sie – so kurz sie auch sein mag – ausreicht. Sie hat Christus allen Völkern zu allen Zeiten nahege-

Foto: Wikimedia

Der berühmte Oxford-Professor und Literaturkritiker C. S. Lewis sagte einmal: „Nun, als Literaturhistoriker bin ich völlig davon überzeugt, dass die Evangelien … keine Legenden sind. Ich habe viele Legenden gelesen, und mir ist klar, dass es sich hier nicht um das Gleiche handelt. Die Evangelien sind nicht künstlerisch genug, um Legenden zu sein."

Foto: Wikimedia

Albert Einstein meinte: „Niemand kann die Evangelien lesen, ohne die tatsächliche Gegenwart Jesu Christi zu spüren. Seine Persönlichkeit pulsiert in jedem Wort. Kein Mythos ist mit solch einem Leben erfüllt."

bracht."[1]

Die Glaubwürdigkeit der Evangelien ist jedoch zum Gegenstand heftiger Kritik geworden. Angefangen mit dem deutschen Rationalismus und den Bibelauslegern an der Universität Tübingen – unter ihnen Ferdinand Christian Baur (1792-1860) und David Friedrich Strauß (1808-1874) – gab es eine lange Liste liberaler Theologen, die die Evangelien geradezu zerpflückten. Ihre Methode wurde als „Höhere Kritik" bekannt. „Dieser kritische Ansatz", schreibt der amerikanische Fernsehprediger John Ankerberg, „wurde von den meisten übernommen: von Theologen und Kirchen, Kritikern der Bibel im Allgemeinen und Sekten wie den Mormonen sowie Weltreligionen wie dem Islam, der ein natürliches Interesse daran hat, das biblische Christentum als unglaubwürdig hinzustellen. Eigenartigerweise werden diese destruktiven Methoden in zunehmendem Maße auch von einigen evangelikalen Wissenschaftlern verwendet."[2]

Die Auswirkungen der historisch-kritischen Methode sind verheerend: Dort, wo man bisher geglaubt hatte, dass die Evangelien authentische Aufzeichnungen über das Leben und die Lehren Jesu seien, betrachten sie viele Theologen und einfache Gemeindeglieder heute als Fantasieprodukt früher Christen. Sie mögen zwar lehrreich sein in Bezug auf die Gedanken und den Glauben der christlichen Urgemeinde, aber sie seien keine zuverlässige Informationsquelle, wenn es um das tatsächliche Leben und die tatsächlichen Lehren Jesu Christi geht. „Ein Jesus hat wahrscheinlich existiert, aber es haben sich so viele Legenden um ihn herum entwickelt, dass es für Wissenschaftler unmöglich ist, irgendetwas über den wirklichen Menschen herauszufinden", schreibt der Theologe Avrum Stroll und fügt hinzu, „die Evangelien des St. Matthäus, St. Markus, St. Lukas und St. Johannes sind lange nach der Kreuzigung Jesu geschrieben worden und enthalten keine zuverlässige historischen Informationen über ihn." Es sei „praktisch unmöglich, von den Legenden und den Beschreibungen von Wundern, die Jesus gewirkt hat, historische Fakten abzuleiten."[3] Meinungen wie diese sind heutzutage weit verbreitet.

Aber nicht alle teilen diese Skepsis. C. S. Lewis (1898-1963), der berühmte Oxford-Professor und Literaturkritiker, sagte einmal: „Nun, als Literaturhistoriker bin ich völlig davon überzeugt, dass die Evangelien – ganz gleich, was sie sonst noch sein mögen – keine Legenden sind. Ich habe viele Legenden gelesen, und mir ist klar, dass es sich hier nicht um das Gleiche handelt. Die Evangelien sind nicht künstlerisch genug, um Legenden zu sein."[4] Es gibt also durchaus unterschiedliche Meinungen.

Albert Einstein (1879-1955), nach Meinung vieler der größte Wissenschaftler des 20. Jahrhunderts, wurde einmal gefragt, ob er an die historische Existenz Jesu Christi glaubt. Er antwortete: „Ohne jede Frage! Niemand kann die Evangelien lesen, ohne die tatsächliche Gegenwart Jesu Christi zu spüren. Seine Persönlichkeit pulsiert in jedem Wort. Kein Mythos ist mit solch einem Leben erfüllt. Wie anders sind beispielsweise die Eindrücke, die wir von den Berichten solch legendärer Helden wie Theseus [der Mythologie nach Gründer Athens] erhalten. Theseus und anderen Helden dieser Art fehlt die authentische Vitalität eines Jesus."[5] Im selben Interview bezeichnete Einstein Jesus als „luminöse Figur", die „zu kolossal [sei] für die Feder von Phrasendreschern – ganz gleich, wie kunstvoll sie auch sein mögen." Auch wenn er selbst nie Christ wurde, bewunderte er Jesus offenbar.

Und wenn sogar der große Albert Einstein die historische Existenz Jesu „ohne jede Frage" akzeptierte, sollten dann nicht alle rationalen und wissenschaftlich geprägten Menschen – ob Atheisten, Agnostiker oder was auch immer – zumindest einen Blick auf die Person und das Leben Jesu Christi werfen, bevor sie ihn als Mythos verwerfen? Kann es sein, dass die Evangelien „nicht künstlerisch genug" sind, und zwar schon einfach deshalb nicht, weil der historische Jesus „zu kolossal [ist] für die Feder von Phrasendreschern – ganz gleich, wie kunstvoll sie auch sein mögen"?

Die Zuverlässigkeit des neutestamentlichen Textes

Die Kritik jener, die das biblische Porträt Jesu Christi ablehnen, stützt sich im Allgemeinen auf die Annahme, dass die Dokumente des Neuen Testaments weder authentisch noch historisch zuverlässig seien. Diese Annahme wiederum basiert auf der philosophischen Voreingenommenheit des rationalistischen Verstandes gegenüber allem Übernatürlichen: Sie schließt die Möglichkeit von Wundern kategorisch aus ihrem Weltbild aus. Dieses philosophische Vorurteil hält viele von einer ernsthaften Untersuchung ab. Sie veranlasst sie, die Bibel von vornherein abzulehnen, ohne die historische Echtheit ihrer Ansprüche zu prüfen. Die Nicht-Existenz des Übernatürlichen wurde jedoch nie bewiesen. Deshalb sollte dieses Thema weiterhin Gegenstand von Untersuchungen bleiben. Eine ehrliche Erforschung erfordert zweierlei: 1. dass wir die Wahrhaftigkeit und textliche Unversehrtheit der neutestamentlichen Dokumente untersuchen; 2. dass wir die Glaubwürdigkeit des biographischen Porträts Jesu Christi, das in diesen Dokumenten vermittelt wird, prüfen.

Foto: Wikimedia

Das Lukas-Evangelium und die Apostelgeschichte sind wahrscheinlich auf eine Zeit vor 64 zu datieren, denn Paulus starb mit an Sicherheit grenzender Wahrscheinlichkeit bei der Verfolgung durch Nero (Bild); dennoch berichtet die Apostelgeschichte nicht von seinem Tod.

Es ist bekannt, dass die Dokumente des Neuen Testaments in der zweiten Hälfte des ersten Jahrhunderts geschrieben wurden – also innerhalb von ein paar Jahrzehnten nach der Kreuzigung Jesu. „Heutige Wissenschaftler datieren die wichtigeren Materialien des Neuen Testaments folgendermaßen: die paulinischen Briefe 51-62 n. Chr.; das Evangelium des Markus 64-70; die Evangelien nach Matthäus und Lukas 80-85; die Apostelgeschichte kurz nach dem Lukas-Evangelium, das im Grunde genommen ‚Teil 1' eines zweiteiligen Werkes ist; das Evangelium des Johannes bis spätestens 100. Hinzugefügt werden muss, dass die erwähnten Daten die jeweils spätestmöglichen für die jeweiligen Bücher sind. In den meisten Fällen gibt es gute Gründe, das jeweilige Datum

DIE HISTORISCHE ZUVERLÄSSIGKEIT DES NEUEN TESTAMENTS

Es ist eine erwiesene Tatsache, dass das Neue Testament im 1. Jahrhundert geschrieben wurde und dass die Kopien, die wir heute haben, mit den Originaldokumenten übereinstimmen. Aber wie können wir sicher sein, dass das biographische Porträt Jesu Christi in ihnen historisch zuverlässig ist?

In seinem Buch *History and Christianity: A Vigorous, Convincing Presentation of the Evidence for a Historical Jesus* [Geschichte und Christentum: Eine entschiedene, überzeugende Darstellung der Belege für einen historischen Jesus] weist John Warwick Montgomery darauf hin, dass es „in der Historiographie und der Literaturkritik im Allgemeinen [drei] Prüfmethoden für die Zuverlässigkeit“ gibt, die man auch auf die Dokumente des Neuen Testaments anwenden könne.[1] Diese seien die bibliographische, die innere und die äußere Bewertung. Auf die erste dieser drei wird in dem Artikel eingegangen.

Bei der zweiten Prüfmethode „folgt die Geschichts- und Literaturwissenschaft auch weiterhin dem aristotelischen Prinzip, dass im Fall eines Zweifels zugunsten des Dokuments und nicht zugunsten des Kritikers zu entscheiden ist. Das bedeutet, dass man die Ansprüche des jeweils vorliegenden Dokuments beachten muss und nicht von Betrug oder Irrtum ausgeht. Es sei denn, der Autor disqualifiziert sich selbst durch Widersprüche oder nachweisliche faktische Ungenauigkeiten.

Im Falle der paulinischen Briefe müssen wir ihrem Anspruch, von dem Apostel geschrieben zu sein, großes Gewicht beimessen. Im Falle der gesamten Sammlung neutestamentlicher Dokumente müssen wir die Autoren ernst nehmen, wenn sie immer und immer wieder sagen, dass sie das Zeugnis von Augenzeugen oder ähnlich zuverlässigen Quellen erhalten und niedergeschrieben haben.”[2]

Zwei der Evangelisten, Matthäus und Johannes, waren Jünger Jesu. Sie haben viele der Ereignisse, von denen in den Evangelien die Rede ist, selbst miterlebt. Johannes schreibt ausdrücklich, dass er ein Augenzeuge war (Johannes 19,35). Lukas war selbst kein Augenzeuge, aber er schreibt, dass er sich bei der Niederschrift der Ereignisse auf Personen stützt, „die es von Anfang an selbst gesehen haben ...“ (Lukas 1,2). Im Evangelium des Markus ist der innere Beweis nicht so direkt. Jedoch in jedem der sogenannten kanonischen Evangelien liefern die „inneren Aspekte – und zwar sowohl die direkten als auch die indirekten – eine solide Basis für den Anspruch, dass die neutestamentlichen Dokumente zuverlässige Quellen sind.”[3]

Bei dem dritten Test für die Glaubwürdigkeit eines Dokuments wird laut Montgomery die Frage gestellt: „Bestätigen oder widersprechen andere historische Materialen dem inneren Zeugnis, das die Dokumente selbst geben? Ein sorgfältiger Vergleich der neutestamentlichen Dokumente mit Inschriften und anderen unabhängigen Belegen hat – gerade in neuerer Zeit – die ursprünglichen Ansprüche bestätigt. Sir William M. Ramsay kommt nach einer akribischen archäologischen und geographischen Untersuchung des Lukas-Evangeliums beispielsweise zu diesem Schluss. Er weist die negativ-kritische Haltung der Tübinger Schule des 19. Jahrhunderts zurück. Er schreibt: ‚Die Geschichte nach Lukas ist in Bezug auf ihre Vertrauenswürdigkeit unübertroffen.‘ Mehr noch: In Bezug auf die Autoren und den primärhistorischen Wert der Berichte in den Evangelien ruht die Bestätigung auf unabhängigen schriftlichen Quellen.“

Papias, Bischof von Hierapolis, schrieb um 130 n. Chr., dass der Apostel Johannes gegenüber bestimmten Gläubigen geäußert habe, dass Markus den Apostel „Petrus [als Jünger] begleitet habe“ und dass er „alles sorgfältig niedergeschrieben habe, was er [Petrus] erwähnt habe: Aussprüche oder Taten Christi – jedoch nicht in der richtigen Reihenfolge.”[4] Dies wird von Irenäus, Bischof von Lyon, bestätigt, wenn er um 180 n. Chr. schreibt: „Matthäus hat sein Evanglium unter den Hebräern [d. h. Juden] veröffentlicht, und zwar in ihrer eigenen Sprache, als Petrus und Paulus das Evangelium in Rom verkündigten und dort die Gemeinde gründeten. Nach ihrem Weggang [d. h. Tod, den die zuverlässige Überlieferung in die Zeit der Verfolgung unter Nero im Jahr 64 legt] hat uns Markus, der Jünger und Übersetzer des Petrus, das Wesentliche der Verkündigung des Petrus persönlich überliefert. Lukas, der Nachfolger des Apostels Paulus, hat das Evangelium, wie es von seinem Lehrer verkündigt wurde, in einem Buch niedergeschrieben. Johannes, der Jünger des Herrn, der auch an dessen Brust lag [eine Anspielung auf Johannes 13,25 und 21,20] hat dann selbst sein Evangelium geschrieben, als er im asiatischen Ephesus weilte.”[5]

Montgomery weist darauf hin: „Die Bemerkungen des Irenäus sind deshalb von besonderem Wert, weil er ein Schüler des Polycarp, Bischof von Smyrna, war, der im Jahr 156 n. Chr. den Märtyrertod starb, nachdem er 86 Jahre lang Christ gewesen war. Polycarp wiederum war selbst ein Jünger des Apostels Johannes. Irenäus hatte oft von Polycarp den Augenzeugenbericht über Jesus gehört, den er von Johannes und anderen erhalten hatte, die Jesus persönlich gekannt hatten.”[6]

Die bibliographischen, die inneren und die äußeren Belege beweisen eindeutig, dass die neutestamentlichen Dokumente Primärquellen sind. Ihre historische Zuverlässigkeit ist gut belegt, und der unvoreingenommene Wissenschaftler muss sie als autorisierte Quellen über das Leben und die Lehren Jesu Christi akzeptieren.

---

1 Er zitiert die *Introduction to Research in English Literary History*, von C. Sanders, einem Professor für Militärgeschichte. **2** Montgomery, *History*, 30. **3** Ebd., 31. **4** Papias, zitiert bei Eusebius, *Historia ecclesiastica*, III. 39. 5 *Adversus Haereses*, III.1 (ca. 180). **6** Montgomery, *History*, 30; vgl. Eusebius H.E., V. 20.

früher anzusetzen. Das Lukas-Evangelium und die Apostelgeschichte sind wahrscheinlich auf eine Zeit vor 64 zu datieren, denn Paulus starb mit an Sicherheit grenzender Wahrscheinlichkeit bei der Verfolgung durch Nero; dennoch berichtet die Apostelgeschichte nicht von seinem Tod."[6]

Es gibt ferner gute Gründe anzunehmen, dass das Markus- und das Lukas-Evangelium innerhalb von 30 Jahren nach der Kreuzigung Jesu geschrieben wurden. Zahlreiche Wissenschaftler unterstützen diese frühe Datierung der neutestamentlichen Dokumente. William F. Albright, einer der qualifiziertesten Bibel-Archäologen, schreibt beispielsweise: „Wir können inzwischen eindeutig sagen, dass es keine solide Grundlage mehr gibt, auch nur eines der neutestamentlichen Bücher auf die Zeit nach dem Jahr 80 zu datieren."[7] Die Behauptung, dass „die Evangelien des St. Matthäus, St. Markus, St. Lukas und St. Johannes *lange nach der Kreuzigung Jesu* geschrieben worden seien", sei einfach nicht wahr. Die Zeitspanne zwischen dem Wirken und dem Tod Jesu Christi einerseits und den frühesten schriftlichen Berichten darüber andererseits ist kaum der Rede wert. Sie erlaubt nicht die allmähliche Entwicklung von Legenden oder Volksmärchen.

Eine weitere Frage, die zu behandeln ist, dreht sich um die textliche Unversehrtheit des Neuen Testaments. Woher wissen wir, angesichts der Tatsache, dass die ursprünglichen Dokumente aus dem 1. Jahrhundert nicht erhalten sind, dass die Kopien, die wir heute haben, identisch sind mit dem Original? Um diese Frage zu beantworten, müssen wir die frühen handschriftlichen Kopien der Originaldokumente betrachten, die es heute noch gibt. Einige dieser Manuskripte sind ganze Bibeln, andere Bücher oder Seiten und in einigen Fällen nur Textfragmente.

Foto: Wikimedia

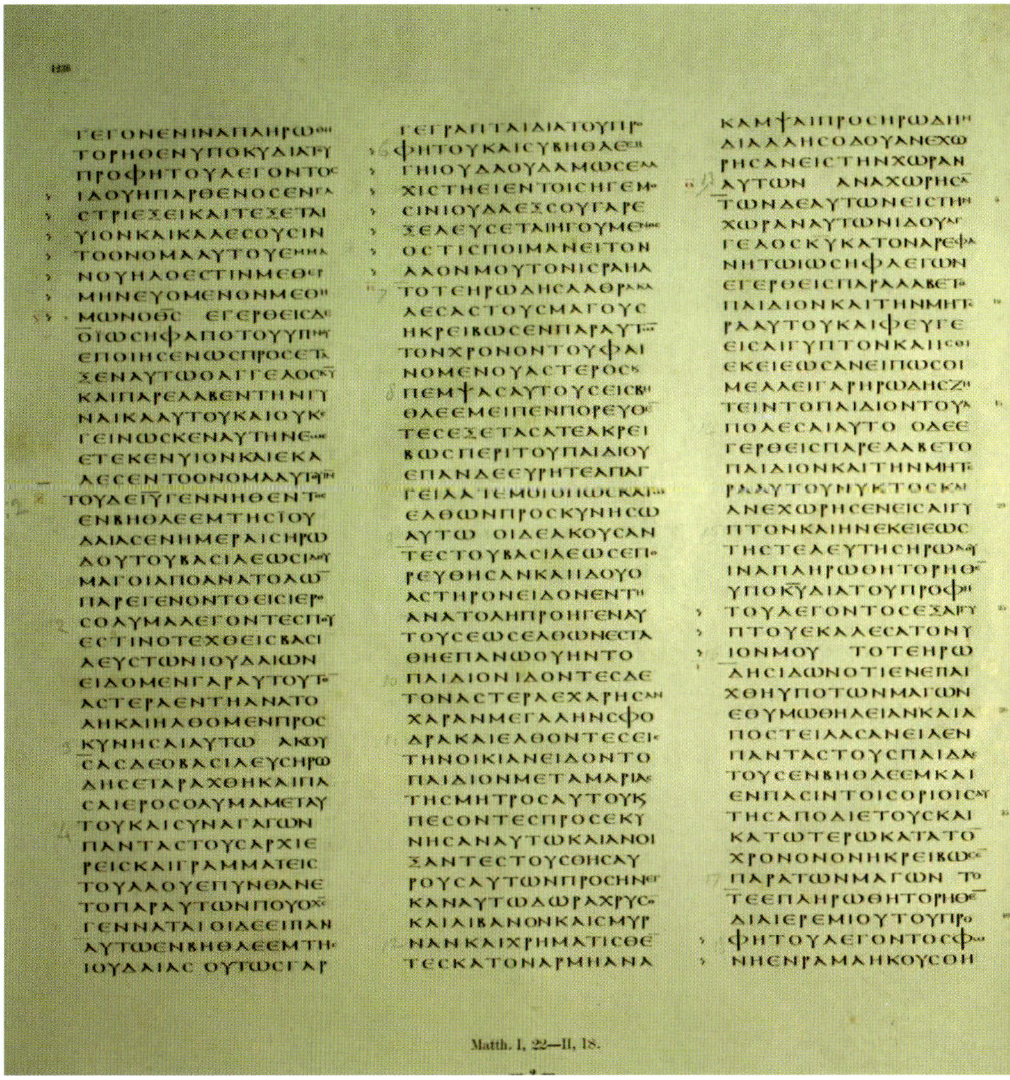

Der *Codex Vaticanus*, verfasst im Jahr 325, ist ein Manuskript, das das gesamte Neue Testament und eine griechische Version des Alten Testaments enthält.

Insgesamt sind 5.686 handschriftliche Manuskripte des Neuen Testaments in griechischer Sprache erhalten. Darüber hinaus gibt es etwa 8.000 Manuskripte der lateinischen *Vulgata* und mindestens 1.000 frühe Versionen in anderen Sprachen – etwa in Aramäisch, Koptisch und Arabisch. In Summe sind das etwa 15.000 Manuskripte.[8] Wenn man dann noch die äthiopischen, slawischen und armenischen Versionen hinzuzählen würde, käme man auf über 24.000.[9] Diese enorme Zahl an Manuskripten übersteigt bei weitem die Zahl handschriftlicher Dokumente anderer Werke des Altertums. Als nächstes in der Rangfolge käme Homer mit nur 643 erhaltenen Manuskripten, gefolgt von 200 von Demosthenes, acht von Herodot, sieben von Platon, 10 von Cäsar und sieben von Plinius.[10]

Die erhaltenen Manuskripte des Neuen Testaments liegen nicht nur in großer Zahl vor; sie wurden auch nur

Foto: Wikimedia

Cäsars *Gallischer Krieg* wurde 100 v. Chr. geschrieben. Die früheste Kopie datiert auf das Jahr 900 n. Chr. Dennoch bezweifelt niemand die Echtheit des Manuskripts. Im Gegensatz dazu sind die uns vorliegenden handschriftlich kopierten Manuskripte der Evangelien nur wenige Jahre nach ihren jeweiligen Originalen angefertigt worden.

kurze Zeit nach der Niederschrift der Originaldokumente erstellt. Das früheste unumstrittene Manuskript ist ein Fragment, das Johannes 18,31-33 und 37-38 enthält. Es ist bekannt als das John-Rylands-Fragment (benannt nach der John-Rylands-Bibliothek in Manchester, wo es aufbewahrt wird). Wissenschaftler datieren es auf die Zeit zwischen 117 und 138 n. Chr., auch wenn es einige Wissenschaftler gibt, die seine Entstehung deutlich später ansetzen. Man glaubt, dass das Johannes-Evangelium in Kleinasien verfasst wurde. Deshalb scheint die Tatsache, dass es in Ägypten, auf der anderen Seite des Mittelmeers, gefunden wurde, nahezulegen, dass es zu Beginn des 2. Jahrhunderts bereits mehrfach kopiert und über eine beträchtliche Entfernung verbreitet worden war.[11]

Einige der ältesten Manuskripte, die ganze Bücher des Neuen Testaments enthalten, werden auf etwa 200 n. Chr. datiert. Die frühesten Manuskripte, die die meisten der neutestamentlichen Bücher enthalten – einschließlich aller Evangelien – können auf das Jahr 250 n. Chr. datiert werden. Der *Codex Vaticanus* wird auf das Jahr 325 datiert. Bei ihm handelt es sich um ein Manuskript, das das gesamte Neue Testament und eine griechische Version des Alten Testaments enthält. Verschiedene andere vollständige Versionen aus dem 4. Jahrhundert sind ebenfalls erhalten. Sie enthalten Eigenheiten in Bezug auf Schreibweise und Grammatik, die belegen, dass sie zu einer Manuskriptfamilie gehören, deren Ursprung zwischen 100 und 150 n. Chr. liegt.[12] Die Zeitspanne zwischen der Entstehung des Neuen Testaments und dem Datum seiner frühesten erhaltenen Manuskripte (mit der Ausnahme einiger weniger Fragmente) ist also irgendwo zwischen 200 und 300 Jahren anzusetzen.

Diese Zeitspanne mag beträchtlich scheinen, aber sie ist nichts verglichen mit jener, die andere Autoren des Altertums von ihren frühesten (kopierten) Manuskripten trennt. Zum Vergleich: „Cäsars *Gallischer Krieg* wurde 100 v. Chr. geschrieben. Die früheste Kopie datiert auf das Jahr 900 n. Chr. Herodots *Geschichte* wurde 400 v. Chr. geschrieben, und die älteste Kopie stammt aus dem Jahr 1300 n. Chr. *Die Annalen* des Tacitus wurden im Jahr 100 n. Chr. geschrieben, und die früheste Kopie datiert auf das Jahr 1100 n. Chr."[13] „Wir glauben, dass wir in allen wesentlichen Punkten einen

Foto: Wikimedia

genauen Text der sieben erhaltenen Stücke von Sophokles haben. Doch das früheste zuverlässige Manuskript, auf das sie sich stützen, wurde mehr als 1.400 Jahre nach dem Tod des Dichters verfasst. Aeschylus, Aristophanes und Thucyclides entsprechen dem, während im Fall von Euripides der zeitliche Abstand auf 1.600 Jahre angewachsen ist."[14] Bei Homers *Ilias* sieht es etwas besser aus: Die Zeitspanne liegt hier bei „nur" 500 Jahren. Bei Plinius sind es 750, bei Platon 1.200 und bei Demosthenes 1.400 Jahre.[15]

Man beachte, dass die Zeitspanne bei den meisten dieser Autoren über 1.000 Jahre ist! Dennoch werden diese Klassiker des Altertums von der allgemeinen Öffentlichkeit ohne den geringsten Zweifel in Bezug auf ihre textliche Integrität akzeptiert. Es wäre daher nicht fair, mit zweierlei Maß zu messen und die Unversehrtheit des Neuen Testaments anzuzweifeln. „Tatsächlich", sagt der christliche Apologet Ravi Zacharias, „ist das Neue Testament bei Weitem das bestbezeugte schriftliche Zeugnis des Altertums, und zwar allein schon in

Josephus, der jüdische Auslandskorrespondent im Dienste des römischen Kaisers, bestätigt zahlreiche historische Ereignisse, die in den Evangelien erwähnt werden.

Bezug auf die Zahl der Dokumente, die Zeitspanne zwischen den Ereignissen und dem jeweiligen Dokument sowie der Verschiedenartigkeit der Dokumente, die es gibt, um sie zu bestätigen oder ihnen zu widersprechen. Unter den Manuskriptbelegen des Altertums gibt es nichts, das an eine solche textliche Integrität heranreicht …"[16] John Warwick Montgomery kommt ebenfalls zu dem Schluss: „Den überlieferten Text des Neuen Testaments mit Skepsis zu betrachten, würde bedeuten, das gesamte klassische Altertum ins Dunkel abgleiten zu lassen, denn kein Dokument des Altertums ist bibliographisch so gut bezeugt wie das Neue Testament."[17]

Die historische Echtheit der Evangelien wird ferner unterstützt durch das *innere Zeugnis* seiner Autoren, die deutlich erklären, dass sie Augenzeugen jener Ereignisse waren, die sie niederschrieben oder dass sie ihre Information von vergleichbar zuverlässigen Quellen erhalten haben. Das *äußere Zeugnis* anderer früher Quellen – etwa Papias, der um 130 n. Chr., und Irenäus, der um 180 n. Chr. schrieb – bekräftigt das innere Zeugnis und bestätigt die Urheberschaft der Evangelienschreiber.

All dies beweist eindeutig, dass die neutestamentlichen Dokumente Primärquellen über das Leben Jesu Christi sind. Man weiss, dass sie nach allen modernen Maßstäben, nach denen man Literatur des Altertums gewöhnlich bewertet, authentisch und historisch zuverlässig sind. „Was weiss der Historiker demnach uber Jesus Christus?", schlussfolgert Professor Montgomery. „Er weiß vor allem, dass man sich darauf verlassen

Foto: Wikimedia

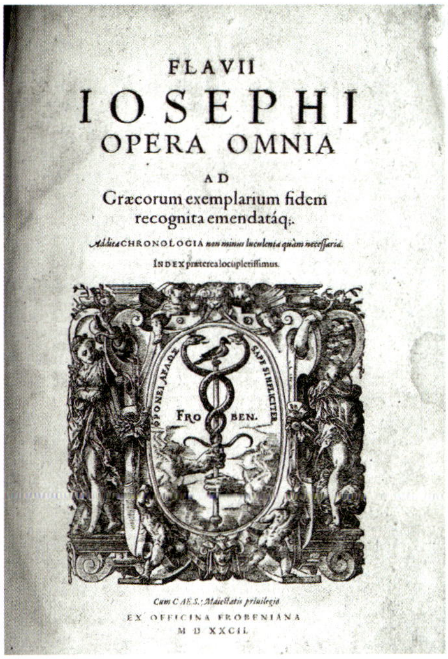

FLAVII
IOSEPHI
OPERA OMNIA
AD
Græcorum exemplarium fidem recognita emendataq;.
Addita CHRONOLOGIA non minus luculenta quàm necessaria.
INDEX praeterea locupletissimus.
FRO BEN.
Cum CAES. Maiestatis privilegio
EX OFFICINA FROBENIANA
M D XXCII.

kann, dass die neutestamentlichen Dokumente ein genaues Bild von ihm geben. Und er weiss, dass sein Porträt nicht durch Wunschdenken, ein System von philosophischen Vorannahmen oder literarischem Herummanövrieren wegrationalisiert werden kann."[18]

Das Zeugnis nichtchristlicher Autoren

Außer den bereits angeführten Belegen gibt es das außerbiblische Zeugnis nichtchristlicher Autoren des ersten und zweiten Jahrhunderts. Zu ihnen gehören Flavius Josephus, Cornelius Tacitus, Plinius der Jüngere, Mara Bar-Serapion, Celsus, Lucianus von Samosata, Thallus und Phlegon sowie Hadrian und Suetonius. Ferner gibt es einen Abschnitt im Babylonischen Talmud, der auch mit in Betracht gezogen werden sollte. Alle diese Autoren erwähnen Jesus in ihren Schriften. Ihr kollektives Zeugnis stimmt mit dem biographischen Porträt überein, das die Evangelien geben. Zusammengenommen bestätigen sie, dass Jesus 1. Der Christus genannt wurde; 2. einen Bruder na-

Foto: R. Gino Santa Maria/dreamstime

Der Historiker Philip Schaff meint: „Die Person Christi ist das große zentrale Wunder der Geschichte und der stärkste Beweis für das Christentum. Gerade die Vollkommenheit seines Menschseins ist ein Beweis seiner Göttlichkeit."

mens Jakobus hatte; 3. während der Herrschaft des Tiberius lebte; 4. auf der Grundlage einer religiösen Anklage verurteilt wurde; 5. unter Pontius Pilatus gekreuzigt wurde; und 6. am Vorabend des Passahfestes starb. Ferner bestätigen diese Quellen, 7. dass es zum Zeitpunkt seines Todes eine Finsternis und ein Erdbeben gab; 8. dass seine Jünger glaubten, er sei auferstanden; 9. dass sich der christliche Glaube schnell verbreitete und sogar Rom erreichte; 10. dass seine Jünger Jesus als Gott anbeteten und sich weigerten, die römischen Gottheiten anzubeten und 11. dass sie bereit waren, für ihren Glauben zu sterben. All das stimmt mit dem überein, was wir im Neuen Testament lesen. Auch das, was Josephus schreibt, bestätigt zahlreiche historische Ereignisse, die in den Evangelien erwähnt werden. „Berichte über Gebräuche, Sekten, Daten usw. bei Josephus stehen in Beziehung zu, bzw. stimmen – zumindest im Großen und Ganzen – überein mit dem, was wir im Neuen Testament finden. Mehr noch: Wir haben den gesamten historischen Hintergrund der vier Evangelien und einen Teil der Apostelgeschichte vor uns, wenn wir die *Antiquitates* von Josephus [Bücher XVI-XX] lesen. Herodes der Große, Archalaus, sein Sohn, Herodes Antipas, Herodias, ihre Tochter Salome, Johannes der Täufer, Annas (Ananus), Kaiaphas (Kaiphas), Pontius Pilatus, Felix und seine jüdische Frau Drusilla, Porcius Festus, Herodes Agrippa, Bernice, Pharisäer und Sadduzäer: Sie alle kommen in der Geschichte des Josephus vor und erscheinen in derselben Beziehung zueinander, wie wir sie in der Erzählung des Neuen Testaments finden."[19] Anstatt also dem biblischen Bericht zu widersprechen, bestätigt das Zeugnis dieser nichtchristlichen Autoren das biographische Porträt Jesu, wie es in der Schrift erscheint.

Das Geheimnis der göttlichen Persönlichkeit

Der Haupteinwand gegen die Evangelien ist natürlich ihr übernatürlicher Inhalt. Für viele sind der Anspruch Jesu, der Mensch gewordene Sohn Gottes zu sein, seine jungfräuliche Geburt, seine Wunder und seine Auferstehung von den Toten einfach unglaubwürdig. Jean Jacques Rousseau, einer der führenden Köpfe der Aufklärung des 18. Jahrhunderts, brachte dies zum Ausdruck, nachdem er den herausragenden moralischen Charakter der Evangelien gelobt hatte. Er schrieb: „Trotz alledem ist dasselbe Evangelium voller unglaublicher Dinge, die für die Vernunft

Der schottische Theologe James S. Stewart meinte: „Wenn ich an Jesus denke, denke ich an das Geheimnis seiner göttlichen Persönlichkeit: die erstaunliche Verschmelzung von Gegensätzlichkeiten, die ich in ihm sehe. Er war der demütigste und niedrigste aller Menschenkinder. Dennoch sprach er davon, dass er mit der Herrlichkeit Gottes in den Wolken des Himmels wiederkommen werde."

abstoßend und für einen vernünftigen Menschen sich vorzustellen und zuzugeben unmöglich sind."

Es gibt verschiedene Möglichkeiten, mit dieser Schwierigkeit umzugehen. Zunächst muss man feststellen, dass das größte Wunder in den Evangelien nicht darin bestand, dass Jesus auf dem Wasser ging oder eine Volksmenge mit fünf Laiben Brot und zwei Fischen speiste. Das größte Wunder ist die Person Christi selbst. Der protestantische Historiker Philip Schaff formuliert es folgendermaßen: „Die Person Christi ist das große zentrale Wunder der Geschichte und der stärkste Beweis für das Christentum. Gerade die Vollkommenheit seines Menschseins ist ein Beweis seiner Göttlichkeit. Das Innewohnen Gottes in ihm ist die einzig zufriedenstellende Lösung für das Problem seines erstaunlichen Charakters. Seine wunderbaren Werke sind eine unvermeidliche Konsequenz seiner wunderbaren Person. Da er selbst ein Wunder ist, muss er Wunder mit der gleichen Leichtigkeit wirken, mit der gewöhnliche Menschen ihre gewöhnliche Arbeit verrichten. Wäre es anders, wäre es unnatürlich. Das Wesen des Baumes bestimmt das Wesen der Frucht."[20]

Zu diesem Thema schrieb auch der schottische Theologe James S. Stewart: „Wenn ich an Jesus denke, denke ich an das Geheimnis seiner göttlichen Persönlichkeit: die erstaunliche Verschmelzung von Gegensätzlichkeiten, die ich in ihm sehe. Er war der demütigste und niedrigste aller Menschenkinder. Dennoch sprach er davon, dass er mit der Herrlichkeit Gottes in den Wolken des Himmels wiederkommen

Foto: Wikimedia

Trotz seiner Kritik anerkannte Jean Jacques Rousseau den erstaunlichen Charakter Jesu Christi: „Ich gestehe", sagte er, „dass mich die Majestät der Schrift in Bewunderung versetzt …"

werde. Er war so streng, dass die bösen Geister und Dämonen vor Angst schrien, wenn er sich ihnen näherte; dennoch war er so freundlich und zugänglich, dass die Kinder gern mit ihm spielten und die Kleinen sich in seine Arme schmiegten. Seine Gegenwart bei der unschuldigen Fröhlichkeit einer Dorfhochzeit war wie Sonnenschein. Niemand war Sündern gegenüber auch nur halb so mitfühlend; andererseits sprach niemand solch glühend heiße und sengende Worte über die Sünde. Er zerbrach keinen geknickten Halm; sein ganzes Leben verkörperte Liebe; dennoch wollte er bei einer Gelegenheit von den Pharisäern wissen, wie sie je dem Fluch der Hölle entfliehen wollten. Er war ein Träumer von Träumen und ein Seher von Visionen; dennoch – aus purem Realismus – verwies er alle unsere abgebrühten Realisten gründlich in die Schranken. Er war ein Diener aller, der den Jüngern die Füße wusch, dennoch schritt er als Meister in den Tempel, und die Schacherer und Geldwechsler stolperten bei ihrer Flucht übereinander, als sie das Feuer sahen, das in seinen Augen leuchtete. Er rettete andere, aber sich selbst rettete er am Ende nicht. In der gesamten Geschichte gibt es keine solche Vereinigung von Gegensätzen, wie sie uns in den Evangelien begegnet. Das Geheimnis Jesu ist das Geheimnis seiner göttlichen Persönlichkeit."

Trotz seiner Kritik anerkannte sogar Jean Jacques Rousseau den erstaunlichen Charakter Jesu Christi und die außergewöhnliche Moralität des Evangeliums: „Ich gestehe", sagte er, „dass mich die Majestät der Schrift in Bewunderung versetzt, so wie die Reinheit des Evangeliums einen Einfluss auf mein Herz hat. Studiere die Werke unserer Philosophen mit ihrem Pomp und ihrer geschliffenen Ausdrucksweise: Wie gewöhnlich und verächtlich sind sie doch, verglichen mit der Schrift! Ist es möglich, dass ein Buch, das zugleich so einfach und so erhaben ist, lediglich das Werk von Menschen sein sollte? Ist es möglich, dass die heilige Persönlichkeit, deren Geschichte sie enthält, selbst nur ein gewöhnlicher Mensch ist? Finden wir, dass er den Ton eines Enthusiasten oder eines ehrgeizigen Sekretärs annimmt? Was für eine Lieblichkeit, was für eine Reinheit in seinem Verhalten! Was für eine bewegende Anmut in seinen Aufforderungen! Was für eine Erhabenheit in seinen Prinzipien! Was für eine profunde Weisheit in seinen Reden! Welche Geistesgegenwart, welcher Scharfsinn, welche Schlagfertigkeit in seinen Erwiderungen! Wie groß seine Kontrolle über seine Leidenschaften! Wo ist der Mensch, wo ist der Philosoph, der so leben und so sterben kann – ohne Schwäche, ohne Protz? … Ja, wenn das Leben und der Tod des Sokrates einem Weisen entsprachen, dann entsprechen das Leben und der Tod Jesu einem Gott. Sollten wir davon ausgehen, dass die Geschichte der Evangelien lediglich Fiktion ist? Sie hat, mein Freund, keinerlei Kennzeichen einer Fiktion. Im Gegenteil: Die Geschichte des Sokrates, die niemand in Zweifel zieht, ist nicht so gut bezeugt, wie die Jesu Christi. Ein solches Anzweifeln verlagert das Problem lediglich, ohne es aus der Welt zu schaffen: Es ist schwerer vorstellbar, dass eine Reihe von Personen übereinkommen sollte, solch eine Geschichte zu schreiben und dass ihnen dann noch jemand das Thema liefern sollte. Die jüdischen Autoren konnten sich nicht so ausdrücken; außerdem war ihnen der moralische Standard der Evangelien fremd. Die Merkmale ihrer Wahrhaftigkeit sind so auffallend und so unnachahmlich, dass der Urheber einen erstaunlicheren Charakter haben müsste als der Held selbst."[21]

Ein weiteres überzeugendes Argument für die Wahrhaftigkeit der Evangelien ist ihre freimütige und zutreffende Darstellung des menschlichen Herzens. Wenn wir die Evangelien studieren, erkennen wir uns selbst, wie wir wirklich sind. Die Vollkommenheit des Charakters Christi offenbart unsere eigenen Unvollkommenheiten. Seine Gerechtigkeit berührt unser Gewissen und legt unsere Sünden offen. Das kann schmerzhaft sein. Aber es repräsentiert einen unfehlbaren Beweis für den göttlichen Ursprung dieser Schriften.

Die messianischen Prophezeiungen

Eine andere Art und Weise, die Evangelien zu betrachten, ist ein Blick auf ihre Heilsgeschichte vor dem Hintergrund alttestamentlicher Prophezeiungen. Das Alte Testament enthält bis zu 300 messianische Prophezeiungen, die sich alle im Leben Jesu Christi erfüllt haben. Die Erfüllung vieler dieser Prophezeiungen lag jenseits der Möglichkeit einer

Manipulation durch Jesus Christus oder seiner Jünger. Auch der Zufall kann angesichts der Anhäufung von Übereinstimmungen keine bedeutende Rolle gespielt haben. Der christliche Apologet Josh McDowell schreibt in seinem Buch *Evidence that Demands a Verdict* [Beweise, die ein Urteil erfordern]: „Einige Skeptiker haben behauptet, dass diese Prophezeiungen von Jesus zufällig erfüllt wurden. Nach der Wissenschaft der Wahrscheinlichkeit liegt die Chance, dass irgendein Mensch – bis heute eingeschlossen – auch nur eine Auswahl von acht dieser Prophezeiungen erfüllt (einschließlich jener, in denen es um seine Kreuzigung geht), bei $1{:}10^{17}$ … Und hierbei geht es nur um acht Prophezeiungen. Was wäre, wenn wir 48 betrachten würden? Die Chance läge dann bei praktisch Null ($1{:}10^{157}$)." Nur zum Vergleich: Die Wissenschaft sagt uns, dass die geschätzte Zahl an Teilchen im gesamten Universum nur bei 10^{80} liegt. Die Vorstellung, dass Jesus Christus zufällig die alttestamentlichen Prophezeiungen erfüllt hat, ist einfach haltlos.

Sehen wir uns einige näher an. In der zweiten Hälfte des 8. Jahrhunderts v. Chr. sagte der Prophet Micha voraus, dass der Messias, ein Herrscher in Israel, im judäischen Bethlehem geboren wird (Micha 5,1). Nach Darstellung des Propheten würde er mehr sein als ein gewöhnlicher Mensch. Er würde der Ewige sein, „dessen Ausgang von Anfang und von Ewigkeit her" ist. Michas Zeitgenosse und Kollege, der Prophet Jesaja, sagte ebenfalls das Auftreten des Messias voraus. Er schreibt, dass er von einer Jungfrau zur Welt gebracht werden würde: „Siehe, eine Jungfrau ist schwanger und wird einen Sohn gebären, den wird sie nennen Immanuel." (Jesaja 7,14) Der Name „Immanuel" bedeutet „Gott mit uns" (vgl. Matthäus 1,23). Demnach haben Micha und Jesaja vorhergesagt, dass es einen Zeitpunkt geben werde, zu dem Gott in diese Welt hineingeboren würde, und zwar von einer Jungfrau und in dem Ort Bethlehem. Laut Evangelien erfüllte sich all dies in der Geburt Jesu Christi.

Die Prophezeiungen haben außerdem zahlreiche Details aus dem Leben und öffentlichen Wirken Christi vorhergesagt. Der Prophet Daniel, der um 500 v. Chr. schrieb, sagte die genaue Zeit voraus, zu der der „Messias, der Prinz" öffentlich auftreten werde (Daniel 9,25). Der Prophet Jesaja sagte auch das Wesen des Dienstes Christi voraus (vgl. Jesaja 61,1; Lukas 4,18). Die meisten messianischen Prophezeiungen beziehen sich jedoch auf die letzten Tage im Leben Jesu – insbesondere auf sein Leiden und seinen Tod. Der Prophet Sacharja spricht von den „dreißig Silberstücken", für die Judas mehr als fünf Jahrhunderte später Jesus verraten würde (Sacharja 11,12; Matthäus 26,15). Er sagte sogar voraus, dass man von diesem „Blutgeld" später den „Töpferacker" kaufen würde (vgl. Sacharja 11,13; Matthäus 27,7). In Bezug auf die Verhöre, die seiner Kreuzigung vorausgingen, schrieb Jesaja, dass er sich verhielt „wie ein Lamm, das zur Schlachtbank geführt

Foto: Roy Mattappallil Thomas/dreamstime

Die göttliche Identität Jesu Christi wird u. a. durch historische Belege seiner Auferstehung von den Toten bestätigt. Die Bibel bezeichnet die Auferstehung Jesu Christi als eine Demonstration seiner Identität als Sohn Gottes (vgl. Römer 1,4). Wenn sich demnach die Auferstehung historisch nachweisen lässt, würde auch dies seine göttliche Identität bestätigen. Der ehrlich Suchende wird überrascht sein herauszufinden, dass die historischen Belege für die Auferstehung Jesu Christi tatsächlich relativ stark sind und somit ein gewichtiges Argument zugunsten seiner Identität als Sohn Gottes darstellen. Eine Diskussion dieser Belege findet sich in einer Reihe hervorragender Bücher zu diesem Thema.[1]

1 Vgl. beispielsweise Josh McDowell, *Jesus von Nazareth: Tatsachen und Argumente für die Wahrheit der Evangelien*, 1995.

Der Haupteinwand gegen die Evangelien ist ihr übernatürlicher Inhalt. Die wundersame Heilung eines Menschen, der sein Leben lang gelähmt war (das Bild zeigt eine künstlerische Darstellung von Jesu Heilung des Gelähmten am Teich von Bethesda von Nathan Greene), passt nicht in ein Weltbild, das davon ausgeht, dass es nur diese materielle Welt gibt und dass Gott – wenn es ihn überhaupt gibt – nicht in die Welt eingreift.

Foto: Wikimedia

Die Debatte über die Identität des historischen Jesus spaltete Israel. Aber auch in Athen, Zentrale der Wissenschaften in damaliger Zeit, stieß der Apostel Paulus, der selbst ein Gelehrter war, auf Unverständnis und Ablehnung.

wird; und wie ein Schaf, das verstummt vor seinem Scherer." Er „tat … seinen Mund nicht auf." (Jesaja 53,7) Diese Prophezeiung erfüllte sich, als der Oberste der Priester zahlreiche Anschuldigungen gegen ihn vorbrachte und Jesus verstummte und seinen Mund nicht aufmachte. Er versuchte nicht, sich zu rechtfertigen, sondern legte seinen Fall in die Hände Gottes.

König David sprach in Psalm 22 von Jesus. Hierbei handelt es sich um einen messianischen Psalm, der etwa 1000 v. Chr. geschrieben wurde. David sagte zahlreiche Details der Kreuzigung Jesu Christi voraus, und zwar geschrieben in der ersten Person. Der Prophet Daniel sagte sogar den Zeitpunkt voraus, zu dem der Messias, der Gesalbte „ausgerottet", also zu Tode kommen würde (vgl. Daniel 9,26). Und Jesaja prophezeite, dass wir „durch seine Wunden … geheilt" würden und dass „er für die Missetat meines Volks geplagt war" (Jesaja 53,5.8). Die Propheten erklärten also unmissverständlich, dass der Messias sterben würde, und zwar nicht für sich selbst, sondern für die Sünden des Volkes. Auf der Grundlage dieser und anderer Prophezeiungen erklärte der Apostel Paulus mit Zuversicht: „Denn als Erstes habe ich euch weitergegeben, was ich auch empfangen habe: Dass *Christus gestorben ist für unsre Sünden nach der Schrift.*“ (1. Korinther 15,3) Das war kein neuer Gedanke, den Paulus sich ausgedacht hatte. Es war die Wahrheit, die die Propheten schon Jahrhunderte zuvor vorhergesagt hatten. Die ersten Christen erlebten die Erfüllung dieser Prophezeiungen im Tod Jesu Christi am Kreuz. Sie glaubten einfach dem Zeugnis der Propheten „*nach der Schrift*.“ Immer wieder bezogen sie sich auf das Alte Testament als die sichere Grundlage ihres Glaubens.

„Welches Motiv", schreibt Justinian der Märtyrer Anfang des 2. Jahrhunderts, „hätte uns je davon überzeugen können, dass ein gekreuzigter Mensch der Erstgeborene des nichtgeborenen Gottes hätte sein können und dass dieser dermaleinst der Richter der ganzen Welt sein würde, wenn wir nicht jene prophetischen Zeugnisse über ihn gekannt hätten, die schon lange vor seiner Menschwerdung verkündigt worden waren? Waren wir nicht Augenzeugen ihrer Erfüllung?"[22] Tatsächlich war es das prophetische Zeugnis der Schrift, das die ersten Christen davon überzeugte, dass Jesus Christus tatsächlich der lang erwartete Messias, der Sohn Gottes, der Erlöser der Welt, war. Nachdem die Jünger Zeugen der Auferstehung Jesu wurden, gingen sie nicht einfach hinaus, um zu verkündigen, was sie erlebt hatten. Vielmehr verwiesen sie auf die Prophezeiungen und sagten: „Seht her, die Schrift hat vorhergesagt, dass der Messias von den Toten auferstehen wird! Jesus ist von den Toten auferstanden! Wir haben ihn lebend nach seiner Kreuzigung gesehen! Er muss der versprochene Messias sein!" (vgl. Apostelgeschichte 2,23-36) In dieser Weise stärkten die messianischen Prophezeiungen des Alten Testaments in bedeutender Weise den Glauben und das Zeugnis der Urgemeinde.

Jesus und die liberale Theologie

Aber Kritiker hat es immer gegeben. Schon zur Zeit Jesu gab es überall eine lebhafte Diskussion über seine Identität. Gläubige und Skeptiker nahmen an ihr teil. „Und es war ein großes Gemurmel über ihn im Volk. Einige sprachen: Er ist gut; andere aber sprachen: Nein, sondern er verführt das Volk.“ (Johannes 7,12) Als Jesus vor ihnen im Tempel auftrat, sagten viele: „Einige nun aus dem Volk, die diese Worte hörten, sprachen: Dieser ist wahrhaftig der Prophet. Andere sprachen: Er ist der Christus. Wieder andere sprachen: Soll der Christus aus Galiläa kommen? ... So entstand seinetwegen Zwietracht im Volk.“ (Johannes 7,40-43)

Die Debatte über die Identität des historischen Jesus spaltete die Nation – und erreichte bald auch die akademischen und theologischen Kreise. Die führenden Theologen seiner Zeit, die Schriftgelehrten und Pharisäer, kamen zu Jesus und fragten ihn geradeheraus: „Wer bist du denn?“ (Johannes 8,25) Sogar Johannes der Täufer kämpfte mit Zweifeln, als er ins Gefängnis geworfen wurde. Deshalb sandte er zwei seiner Jünger zu Jesus, um ihn zu fragen: „Bist du, der da kommen soll, oder sollen wir auf einen andern warten?“ (Lukas 7,19) Herodes der Tetrarch hatte ebenfalls von den Wundern Jesu gehört und sagte: „Johannes, den habe ich enthauptet; wer ist aber dieser, über den ich solches höre?“ (Lukas 9,9) Immer wieder waren die Menschen erstaunt über das Geheimnis der Person Christi. Sie hatten größte Schwierigkeiten, seine wahre Identität genau zu bestimmen.

Die Diskussion setzte sich durch sein gesamtes öffentliches Wirken hindurch fort. „Und als er [triumphal] in Jerusalem einzog, erregte sich die ganze Stadt und fragte: Wer ist der?“ (Matthäus 21,10) Einige Tage später wurde Jesus festgenommen, und sie „führten ihn zu dem Hohenpriester Kaiphas, wo die Schriftgelehrten und Ältesten sich versammelt hatten.“ (Matthäus 26,57) Bei diesem kirchlichen Tribunal untersuchten die Wissenschaftler und Theologen jener Zeit die Wahrhaftigkeit der Aussagen des historischen Jesus. Der jüdische Hohepriester bestand darauf, dass Jesus seine wahre Identität preisgibt: „Ich beschwöre dich bei dem lebendigen Gott, dass du uns sagst, ob du der Christus bist, der Sohn Gottes.“ (Matthäus 26,63) Jesus bestätigte das. Doch der Hohepriester – der ein Sadduzäer, also ein liberaler Theologe war – schwang sich zu einer Art akademischer und theologischer Autorität in der Frage nach dem „historischen Jesus“ auf. Er kritisierte dessen Worte und wies seinen Anspruch, der Sohn Gottes zu sein, zurück und verurteilte ihn wegen Gotteslästerung zum Tode (Verse 65-66). Daraufhin wurde Jesus zu Pilatus gebracht, um dann gegeißelt und gekreuzigt zu werden.

Die Wissenschaftler und Theologen von heute halten diese Tradition am Leben und folgen in den Fußspuren des Kaiphas. Auch sie kritisieren die Worte Jesu und weisen seinen Anspruch, der Sohn Gottes zu sein, zurück. Damit erklären sie im Grunde genommen, dass die Einschätzung des Kaiphas richtig war. Auf diese Weise wiederholen sie das Todesurteil, das über Jesus verhängt wurde, da sie in gewisser Weise „für sich selbst den Sohn Gottes abermals kreuzigen.“ (Hebräer 6,6)

Zusammenfassend kann man also sagen, dass es in der Diskussion um den historischen Jesus nicht so sehr darum geht, was er gesagt oder getan hat, sondern darum, *wer er beansprucht zu sein*. Das zentrale Thema der Debatte – damals und heute – war stets: Ist Jesus Christus der Sohn Gottes? Ebenso wie zu seinen

Lebzeiten ist es heute. Schon immer gab es Gläubige und Skeptiker. Und seine Hauptgegner waren immer schon Priester, Wissenschaftler und Theologen.

Der Grund, warum so viele Menschen so eifrig darauf aus sind, die göttliche Identität Jesu Christi zu leugnen, hat mit Autorität zu tun. Solange man ihn als bloßen Menschen betrachtet, ist seine Autorität nur die eines Menschen. Doch wenn Jesus Christus tatsächlich der Sohn Gottes ist, wie es die Bibel behauptet, dann müssen wir das biblische Zeugnis akzeptieren, nämlich, dass nur er Gott von Ewigkeit her kannte, dass er selbst Gott ist und dass nur er uns Gott offenbaren kann (vgl. Johannes 1,18). Deshalb müssen wir seine oberste Autorität in allen Fragen der Moral, Theologie, Philosophie und Religion annehmen und all das in Moral, Theologie, Philosophie und Religion zurückweisen, was nicht mit der Offenbarung Gottes in seinem Sohn übereinstimmt. Kurz gesagt: Die menschliche Vernunft müsste sich vor der göttlichen Offenbarung verneigen. Und letztendlich müsste jede menschliche Meinung – einschließlich jeder wissenschaftlichen Theorie, jeder religiösen Lehre, jeder menschlichen Philosophie und jeder von Menschen erdachter Tradition –, die nicht mit der göttlichen Offenbarung übereinstimmt, als falsch, fehlerhaft und trügerisch zurückgewiesen werden.

Das geht der stolzen menschlichen Vernunft natürlich gegen den Strich. Deshalb rebelliert sie gegen die Autorität Gottes, indem sie die göttliche Offenbarung seines Sohnes ablehnt. Da die meisten Menschen – einschließlich vieler Wissenschaftler und Theologen mit all ihren akademischen Graden – zu stolz sind, um ihre menschliche Meinung der Offenbarung Gottes in Christus unterzuordnen, leugnen sie seine göttliche Identität als Sohn Gottes. So war es bei Kaiphas, und so ist es heute.

Zusammenfassung

Während seines Erdenlebens war Jesus sich der Debatte um seine Person voll bewusst. An einer Stelle fragte er seine Jünger: „Wer, sagen die Leute, dass ich sei?“ (Markus 8,27) Einige glaubten, er sei Johannes der Täufer, der von den Toten auferstanden sei. Andere glaubten, er sei Elia, der Prophet, der Jahrhunderte zuvor im feurigen Wagen in den Himmel aufgenommen wurde, nun aber zur Erde zurückgekehrt sei. Wieder andere glaubten, er sei „einer der Propheten“. Tatsache ist: Es gab schon immer eine Fülle an Theorien über Jesus Christus. In dieser Hinsicht gibt es keinen Unterschied zwischen damals und heute.

Doch dann stellte Jesus seinen Jüngern eine zweite Frage: „Ihr aber, wer, sagt ihr, dass ich sei?“ An dieser Stelle verlagert sich die Diskussion um die Identität des historischen Jesus in eine andere Dimension. Die Frage wird hochpersönlich. Sie richtet sich an das Herz, den Verstand und das Gewissen. Früher oder später muss jeder diese Frage für sich selbst beantworten. „Du aber, wer, sagst du, dass ich sei?“ Die Menschen, die während seiner Zeit auf Erden mit Jesus lebten und ihm nachfolgten, wurden von all den Theorien, die ihren Meister umgaben, nicht umgeworfen. Sie hatten eine feste und klare Antwort. „Da antwortete Simon Petrus und sprach: Du bist Christus, des lebendigen Gottes Sohn! Und Jesus antwortete und sprach zu ihm: Selig bist du, Simon, Jonas Sohn; denn Fleisch und Blut haben dir das nicht offenbart, sondern mein Vater im Himmel. Und ich sage dir auch: Du bist Petrus, und auf diesen Felsen will ich meine Gemeinde bauen, und die Pforten der Hölle sollen sie nicht überwältigen.“ (Matthäus 16,16-18) Der Fels, auf dem Christus seine Kirche aufgebaut hat, ist nicht die Person des Petrus, sondern dessen Zeugnis. „Du bist Christus, des lebendigen Gottes Sohn!“ Das ist das sichere Fundament des christlichen Glaubens. Dieses Zeugnis wird auch von den „Pforten der Hölle“ nicht überwältigt werden.

Wie stellen wir uns also zu dem modernen Wirbel mit all seinen zweifelhaften Behauptungen über Jesus Christus? Der biblische Jesus – der wirkliche Jesus der Geschichte – gibt uns die Antwort. Bei einer Gelegenheit fragten ihn seine Jünger: „Was wird das Zeichen sein für dein Kommen und für das Ende der Welt?“ (Matthäus 24,3) Das erste, was Jesus darauf antwortete, war: „Seht zu, dass euch nicht jemand verführe.“ Damit sagte er voraus, dass in den letzten Tagen der Erdengeschichte „Verführung“ das große Thema sein werde. Dann sprach er zu den Jüngern von den Zeichen, die seiner Wiederkunft vorausgehen würden. U. a. sagte er voraus, dass „falsche Christusse … aufstehen“ werden (Matthäus 24,24).

Heutzutage gibt es viele Christusse da draußen. Es gibt Theorien, Behauptungen und Interpretationen die Fülle. Es gibt den *Sonnengott-Jesus* der Christus-Mythen-Theorie; den *kosmischen Christus* der New-Age-Bewegung; den *nur menschlichen Jesus* der liberalen Theologie; den *heimlich verheirateten Jesus* des Da Vinci Codes; den *okkulten und pantheistischen Jesus* der gnostischen Evangelien; den *nie gestorbenen Jesus* der Swoon-Theorie; den *vermissten Jesus* der Gestohlenen-Körper-Hypothese usw. usw. Weitere Theorien werden zweifellos hinzukommen. Überall um uns herum wird Jesus immer wieder neu erfunden, und überall erheben sich Stimmen, die rufen: „Siehe,

Die Diskussion um die Person Jesus wird anhalten. Für die Einen war er ein Scharlatan oder einfach nur ein guter Mensch, für die Anderen war er das Licht dieser Welt, der Mensch gewordene Gott, der am Ende der Zeit in Kraft und Herrlichkeit wiederkommen wird. (Gemälde von Nathan Greene)

hier ist Christus oder da!“ Welche Haltung sollen wir demgegenüber einnehmen? Jesu Antwort darauf ist kurz und einfach: „Es werden falsche Christusse … aufstehen … Siehe, ich habe es euch vorausgesagt.“ Alle diese populären Theorien sind lediglich Zeichen der Zeit: ein Hinweis darauf, dass die Welt auf den Untergang zusteuert und dass die Wiederkunft Jesu Christi vor der Tür steht. „Darum seid auch ihr bereit! Denn der Menschensohn kommt zu einer Stunde, da ihr's nicht meint.“ (Matthäus 24,44)

1 James S. Stewart, *The Life and Teachings of Jesus Christ*, Auszug aus Kapitel 1: “The Making of the Gospels”. **2** John Ankerberg und John Weldon, *The Jesus Seminar: Jesus and Higher Criticism*, 2. **3** Avrum Stroll, zitiert in John Warwick Montgomery, *History and Christianity*, 1986 (1971), 11. **4** Clive Staples Lewis, Lyle W. Dorsett, *The Essential C. S. Lewis*, 1988, 331. **5** “What Life Means to Einstein: An Interview by George Sylvester Viereck,” *Saturday Evening Post*, 26. Oktober 1929; George Sylvester Viereck, *Glimpses of the Great*, 1930, 373f. **6** John Warwick Montgomery, *History and Christianity*, 1986 (1971), 35. **7** William F. Albright, *Recent Discoveries in Bible Lands*, 1955, 136. **8** Norman L. Geisler, Frank Turek, *Ik heb te weinig geloof om een atheist te zijn*, 2009, 280. **9** Subbodh Pandit, *Come Search With Me*, 2008, 71; Josh McDowell, *The New Evidence that Demands a Verdict*, 34. **10** Geisler/Turek, Ebd., 280. **11** Vgl. Geisler/Turek, Ebd., 281. **12** Ebd., 283. **13** Pandit, ebd., 70. **14** Kenyon, ebd. **15** Geisler/Turek, ebd. 282. **16** Ravi Zacharias, *Can Man Live Without God?*, 1994, 162. **17** Montgomery, ebd., 29. **18** Ebd., 40. **19** Samuel Stokes, *The Gospel according to Jews and Pagans*, 1913, 24f. **20** Philip Schaff, *The Person of Christ*, 1866, 5. **21** Vgl. Jean Jacques Rousseau, *Émile*. **22** *Apologia* I. Ch. 53; William Greenough Thayer Shedd, *A History of Christian Doctrine*, Vol. I, 1869, 3. Aufl., 121.

Jozef Astley, Niederlande, ist freier Journalist.

IST DAS LEERE GRAB DOCH NICHT LEER?
Der Fund von Talpiot: Sensation oder Fernseh-Ente?
von Randall W. Younker

Kann es sein, dass man das Grab Jesu und seiner Familie gefunden hat – nein, nicht leer, sondern mit seinen Knochen und mit denen seiner angeblichen Frau Maria Magdalena und ihres gemeinsamen Sohnes Juda sowie anderer Familienmitglieder? Das behauptete kürzlich ein Dokumentarfilm, der auf dem amerikanischen Discovery Channel ausgestrahlt wurde. Der nachfolgende Artikel beleuchtet die Fakten und Hintergründe dieses „sensationellen" archäologischen Fundes. Tatsächlich wurde im Jahr 1980 ein Grab mit dem Namen „Jesus" gefunden. Hier die Einzelheiten:

Foto: James Steidl/dreamstime

Foto: Lucidwaters/dreamstime

Der Kirchenvater Eusebius stellt eindeutig fest, dass Jakobus, der Bruder Jesu, in Jerusalem begraben wurde, nahe beim Tempel – wahrscheinlich im Kidron-Tal (Foto) – und nicht 5 km südlich in Talpiot, wie es der *Discovery Channel* behauptete.

Die Grabstätte, um die es geht, wurde am 28. März 1980 entdeckt. Ein Bautrupp war bei Arbeiten für das Fundament einer Wohnanlage in Talpiot, 5 km südlich von Jerusalem, darauf gestoßen. Gemäß den gesetzlichen Anforderungen informierte das Bauarbeiterteam die israelische Behörde, die für Antiquitäten zuständig ist (IAA), damit sie die Fundstelle in Augenschein nehmen konnte. Das IAA beauftragte ein Bergungs-Team mit der Ausgrabung und Kartografierung der Grabstelle sowie der Sicherung der gefundenen Gegenstände, um sie zu konservieren und weiter zu untersuchen.[1]

Das Ausgrabungsteam förderte zehn Behälter aus Kalkstein aus der Grabstelle zutage. Man nennt sie auch Ossuarien. Ein Ossuar ist eine meist aus Stein gefertigte Art Miniatur-Sarg, den Juden für Sekundärbestattungen benutzten. Die jüdische Beerdigungspraxis sah damals (zwischen 30 v. Chr. und 70 n. Chr.) folgendermaßen aus: Zunächst wurde der Leichnam in einer Grabhöhle beigesetzt. In den folgenden Monaten verwesten die Weichteile, so dass nur die Knochen übrig blieben. Ein Jahr später öffneten die Familienangehörigen und/oder Freunde die Grabstelle, nahmen die Gebeine des Verstorbenen heraus und deponierten sie in einem solchen „Knochenkasten".

Sechs der zehn gefundenen Ossuarien trugen Inschriften – in Hebräisch, Aramäisch oder Griechisch –, aus denen der Name des Verstorbenen ersichtlich war. Es war nicht ungewöhnlich, dass die Hinterbliebenen den Namen des Verstorbenen in den Kasten ätzten oder ritzten, bevor sie die sterblichen Überreste endgültig bestatteten. Drei der Ossuarien waren lediglich mit geometrischen Mustern verziert. Das zehnte Ossuar war ohne jegliche Inschrift oder Verzierung. Die auf den sechs Knochentruhen vorhandenen Inschriften wurden folgendermaßen übersetzt:

(1) „Mariamene e Mara" (Mariam und Martha)
(2) „Yehuda bar Yeshua" (Juda, Sohn von Jesus)
(3) „Matia" (Matthäus)
(4) „Yeshua[2] bar Yehosef" (Jesus, Sohn von Joseph)
(5) „Yose" (eine Kurzform von Yehosef oder Joseph)
(6) „Marjah" (Maria)

Foto: Wikimedia

Ein Ossuar, auch „Knochenkasten" genannt, ist eine meist aus Stein gefertigte Art Miniatur-Sarg, den Juden für Sekundärbestattungen benutzten. Hierin wurden die nach der Verwesung übrig gebliebenen Knochen bestattet. Das Bild zeigt das Ossuar von Judas, dem angeblichen Sohn Jesu aus dem Talpiot-Grab.

Auf den ersten Blick würde man vermuten, dass die Zusammenstellung dieser Namen für große Aufregung sorgen müsste, besonders der Name Jesus, denn alle genannten Namen sind als Personen aus dem Neuen Testament wohl bekannt. Andererseits waren diese Namen während der hellenistisch-römischen Epoche so weit verbreitet, dass sie seinerzeit bei den Gelehrten kein Aufsehen erregten – sie konnten keinen Zusammenhang zu Personen gleichen Namens im Neuen Testament erkennen.

Die Ossuarien wurden im Rockefeller-Museum ausgestellt, das die israelische Antiquitätenbehörde verwaltet.[3] Das zehnte Ossuar, das weder eine Inschrift noch eine Verzierung aufwies, wurde im Gartenbereich des Rockefeller-Museums neben anderen Sarkophagen aufgestellt. Hierbei handelt es sich um jenes Ossuar, das später als das „Verlorene" bezeichnet wurde, von dem der *Discovery Channel* behauptet, es sei das „Jakobus-Ossuar".

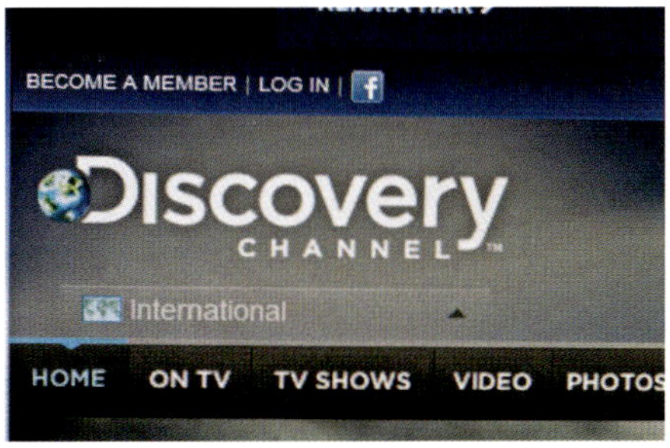

Der amerikanische *Discovery Channel* stellte den Fund des Grabes als eine Sensation dar. Zu Recht?

Schon kurze Zeit nach den Ausgrabungen veröffentlichte der Leiter des IAA-Teams, Yosef Gat, die Funde aus der Grabstelle auf Hebräisch. Später folgten zwei detailliertere Studien.[4] Beide konzentrierten sich ausschließlich auf die neun Ossuarien, die Inschriften oder Verzierungen (oder beides) aufwiesen. Da das zehnte Ossuarium nichts dergleichen zu bieten hatte und auch sonst recht gewöhnlich war, wurde es bei beiden Veröffentlichungen nicht erwähnt. Keiner der beiden Artikel erregte unter Wissenschaftlern besonderes Aufsehen – etwa indem eine Verknüpfung zu Jesus von Nazareth hergestellt wurde.

16 Jahre nach der ursprünglichen Entdeckung wurde der Fund in einer Sendung der BBC wieder aufgegriffen. Der Titel: „Der fragliche Leichnam".[5] Die Sendung stellte im Zusammenhang mit der Entdeckung in Talpiot die hypothetische Frage: Was wäre, wenn Jesus gar nicht auferstanden ist? Die Autoren ernteten einen Sturm der Kritik. Die beteiligte Reporterin Joan Bakewell betonte daraufhin, dass sie nicht behaupten wollten, die fragliche Grabstelle sei tatsächlich das Grab Jesu. Sie wollten nur ein wenig provokativ sein.

Später schrieb sie: „In Wirklichkeit ist es höchst unwahrscheinlich, dass dies tatsächlich das Grab Jesu und seiner Familie ist. Auf jeden Fall gibt es keinerlei Beweise für irgendetwas. Die genannten Namen waren damals in Palästina alle weit verbreitet. Jesus gehörte zu einer armen Familie in Nazareth, und es ist unwahrscheinlich, dass ihr eine reiche Grabhöhle in Jerusalem gehören sollte. Es besteht eine höhere Wahrscheinlichkeit, dass ein anderes Grab, das sich tatsächlich in der Nähe der Grabeskirche befindet, der Ort ist, den Joseph von Arimathia zur Verfügung stellte. Aber es ist schon gefährlich, nur zu spekulieren."

Die negativen Reaktionen auf die *BBC*-Produktion hielten James Cameron,[6] Produzent des erfolgreichen und von den Kritikern gefeierten Films *Titanic*, nicht davon ab,

Foto: Aleksandar Todorovic/dreamstime

Das sogenannte zehnte Ossuar, das weder eine Inschrift noch eine Verzierung aufweist, steht neben anderen Sarkophagen im Gartenbereich des Rockefeller-Museums (unter der Verwaltung der israelischen Antiquitätenbehörde).

dieselbe Entdeckung als Grundlage für eine Produktion zu benutzen, die im März 2007 auf dem *Discovery Channel* gesendet wurde. Sie trug den Titel „Das verlorene Grab Jesu". Die Sendung verzeichnete mit die höchsten Einschaltquoten aller Produktionen der vorhergehenden zwei Jahre. Gleichzeitig erhielt der Sender jedoch derart massive negative Kritik – und zwar sowohl von christlichen Gruppierungen als auch von Wissenschaftlern –, dass man den Plan für eine Wiederholung der Sendung fallen ließ.

Da die Spekulationen rund um das Grab jedoch bis heute anhalten, wollen wir im Folgenden die Aussagen des *Discovery-Channel*-Teams im Einzelnen betrachten. Warum hatte es diese heftigen Reaktionen gegeben? Im Wesentlichen wird in der Sendung behauptet, dass die Personen, deren Namen auf den Ossuarien des Talpiot-Grabes gefunden wurden, niemand anderes sind als die bekannten Personen aus dem Neuen Testament. Dieser Anspruch sollte mit folgenden weiteren Behauptungen unterstützt werden:

Die sensationellste von allen Behauptungen ist natürlich, dass „Jesus, Sohn Josephs", dessen Ossuar in dem Talpiot-Grab gefunden wurde, niemand anderes ist als Jesus von Nazareth, der Christus. Das Team stützt sich dabei auf die These, dass diese Kombination der zwei Namen als Vater/Sohn-Beziehung – Jesus als Sohn von Joseph – sehr selten sei. Unter tausenden von katalogisierten Inschriften auf Ossuarien sei bis jetzt nur eine einzige gefunden worden, die ebenfalls diese Vater/Sohn-Kombination enthielte. Der eigentliche

Foto: Carrienelson1/dreamstime

James Cameron, Produzent des Films *Titanic*, machte die Spekulationen um die Entdeckung des Grabes zur Grundlage für einen Film, der im März 2007 auf dem *Discovery Channel* ausgestrahlt wurde. Sein Titel: „Das verlorene Grab Jesu".

Eklat hinter dieser Behauptung ist natürlich, dass die Entdeckung eines Ossuars mit den sterblichen Überresten von Jesus Christus offensichtlich bedeuten würde, dass er nie körperlich auferstanden sei, sondern vielmehr nach seiner Kreuzigung beerdigt wurde, innerhalb eines Jahres verweste, und seine Knochen dann in einem Ossuar ein zweites Mal bestattet wurden.

Die Filmemacher behaupten weiterhin, dass das Ossuar mit dem Namen „Maria" der Mutter Jesu gehört. Sie argumentieren, dass der Name der Mutter Jesu immer nur in einer ganz bestimmten Form wiedergegeben wurde, nämlich als „Maria", der lateinischen Version von „Mariam". Sie glauben, dass der Fund einer lateinischen Version eines hebräischen Namens, der phonetisch in hebräischen Buchstaben niedergeschrieben wurde, sehr selten sei. Tatsache sei, dass innerhalb von tausenden von Ossuarien, die bis jetzt entdeckt wurden, nur acht solche Inschriften identifiziert worden seien.

Sie unterstellen, dass Matia (Matthäus) ein Mitglied der Familie Marias, der Mutter Jesu, gewesen sein könnte (basierend auf dem Geschlechtsregister in Lukas 3,23) – und dass er möglicherweise der Autor des gleichnamigen Evangeliums im Neuen Testament gewesen sei.

Sie unterstellen, dass Yose, ein Kosename für Joseph, der Bruder Jesu sei. Sie behaupten, dass Yose, dessen Name als der Bruder Jesu im Markus-Evangelium erscheint, eine seltene Form des vollständigen Namens Joseph ist, der bis heute nur auf diesem einzigen Ossuar erscheint. Diese Tatsache mache es wahrscheinlich, dass er der Bruder Jesu sei.

Sie behaupten, dass die Ossuar-Inschrift „Mariamene e Mara" eine spezifische, ganz besondere Form des Namens „Maria" sei, der besonders von den ersten Christen als der Name für Maria Magdalena benutzt wurde. Sie übersetzen die Inschrift mit „Maria, bekannt als die Meisterin." Sie stützen dies auf ein apokryphes Werk aus dem 4. Jahrhundert, die Apostelgeschichte des Philippus, und ein anderes Werk, das als das Evangelium der Maria Magdalena bekannt wurde. In beiden Schriften wird unterstellt, dass Maria Magdalena ein eigenständiger weiblicher Apostel, Lehrer und Meister wurde.

Noch abenteuerlicher ist die nächste Behauptung, dass nämlich das Ossuar mit der Inschrift „Juda, Sohn Jesu" beweise, dass Jesus verheiratet war und einen Sohn hatte! Das würde natürlich die Existenz einer Ehefrau Jesu erforderlich machen. Die Macher des *Discovery*-Programms greifen hier auf die Behauptung des Films *Da Vinci Code – Sakrileg* zurück, dass Jesus mit Maria Magdalena verheiratet war. Sie hätten ja bereits „bewiesen", dass sie in demselben Grab wie Jesus beerdigt ist. Um ihrer Behauptung Glaubwürdigkeit zu verleihen, entnahmen sie den Ossuarien von „Jesus, Sohn Josephs" und „Mariamene e Mara"

Die Evangelien sprechen davon, dass Jesus nach seinem Tod am Kreuz im Grab des Josef aus Arimathäa, eines reichen Mannes, begraben wurde.

Foto: Wikimedia

Foto: GlendaPowers/dreamstime

Nach der Überlieferung soll es dieses Felsengrab sein, in dem Jesus von Freitagabend bis Sonntagmorgen gelegen haben soll.

DNA-Proben. Da diese keine Übereinstimmung zeigten und dadurch bewiesen sei, dass diese zwei Personen biologisch nicht miteinander verwandt waren, sei es naheliegend, dass es sich um ein Ehepaar gehandelt habe.

Um ihre Feststellung, das Talpiot-Grab sei das Familiengrab Jesu, weiter zu untermauern, behaupten die Autoren des entsprechenden Beitrags im *Discovery Channel*, dass das zehnte Ossuar, das in den beiden bereits erwähnten Veröffentlichungen von Rahmani und Kroner nicht aufgeführt war, kein anderes als das berühmt-berüchtigte „Jakobus/Sohn des Joseph/Bruder von Jesus-Ossuar“ ist. Der Fund dieses Ossuars wurde der Öffentlichkeit schon vor einigen Jahren vorgestellt und ist in Bezug auf seine Echtheit seitdem Gegenstand heftigster Kontroversen.[7] Wenn dieses Ossuar tatsächlich echt sei und es in dem Talpiot-Grab zusammen mit den anderen oben erwähnten Ossuarien gefunden wurde, dann würde das der Behauptung des *Discovery*-Teams, dass es sich hier tatsächlich um das Grab Jesu handelt, weitere Glaubwürdigkeit verleihen.

Die Reaktionen auf die Behauptungen des *Discovery*-Teams kamen prompt und waren fast durchweg negativ. Die Kritik kam nicht nur von christlichen Führungspersönlichkeiten und Theologen, sondern auch von namhaften christlichen und nichtchristlichen Archäologen.[8]

Am häufigsten wurde moniert, dass die Namen – einschließlich der angeblich seltenen abgeleiteten Formen – in Wirklichkeit nicht so selten seien, wie die Sendung glauben machte. Die führenden Wissenschaftler auf diesem Gebiet, die alle damals üblichen Namen aus verschiedenen Quellen erfasst und kompiliert haben,[9] merken an, dass alle Namen, die in dem Talpiot-Grab gefunden wurden, tatsächlich in der Zeit Jesu weit verbreitet waren. Von den 2.625 von Richard Bauckham aufgeführten männlichen Personen trugen 218 den Namen Joseph, einschließlich der Kurzform Yose. Das sind 8,3 %. Nach Simon/Simeon war es der zweitbeliebteste Name. Den Namen Juda trugen 164 Männer oder 6,2 %. 99 Männer (3,4 %) trugen den Namen Jesus, 62 Männer (2,4 %) den Namen Matthäus in verschiedenen Formen. Von den 328 erwähnten Frauen – sie wurden deutlich seltener aufgeführt als Männer – trug eine überwältigende Anzahl von 21,4 % den Namen Maria (Mariam, Maria, Mariame, Mariamne). Das sind 70 der aufgeführten weiblichen Personen.

Die Arbeiten der Wissenschaftler zeigen zwar, wie verbreitet die Namen aus dem Talpiot-Grab zur Zeit Jesu waren, sie behandeln jedoch nicht die Frage, wie groß die Wahrscheinlichkeit ist, dass diese spezielle Kombination von Namen zusammen auftritt. Aus verschiedenen von Statistikern vorgeschlagenen

Foto: Luchschen/dreamstime

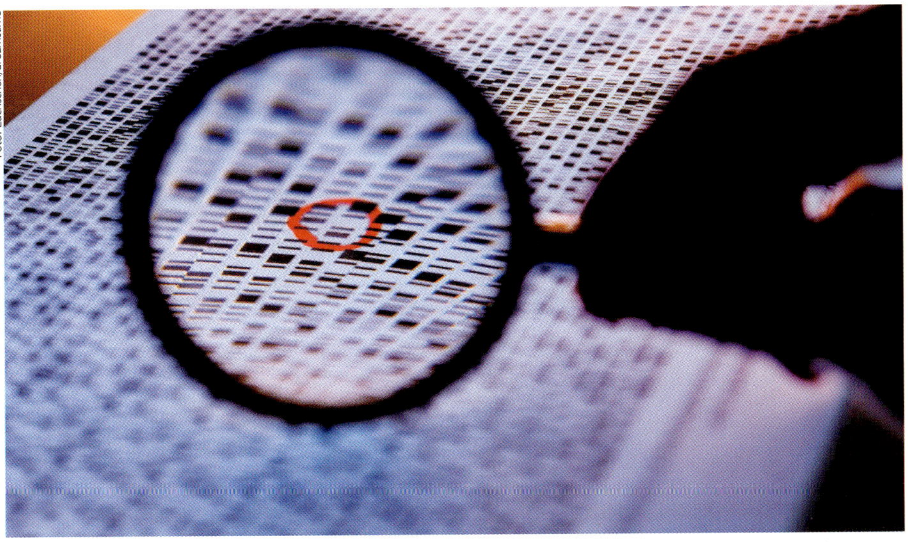

Die von dem Filmteam im Grab entnommenen DNA-Proben sind ohne Wert, denn man kann nicht genau feststellen, von welcher Leiche eine bestimmte DNA-Probe stammt – wahrscheinlich war in der Antike die gesamte Grabstelle ohnehin „kontaminiert".

Möglichkeiten hat der theoretische Physiker Dr. Randy Ingermanson die vollständigste Analyse vorgestellt. Basierend auf den Daten von Ilan und Bauckman berechnet er die Zahl der Männer, die in der Zeit zwischen 30 v. Chr. und 70 n. Chr. (die Zeit, in der Ossuarien verwendet wurden) den Namen „Jesus, Sohn Josephs" getragen haben könnten. Er kommt auf eine Zahl von 1,26% von 80.000 Männern. Das entspricht über 1000 Personen. Unter Berücksichtigung leichter Namensvariationen schlägt Ingermanson vor, dass die Zahl von Männern mit diesem Namen zwischen 900 und 1.100 liegt.

Wichtiger ist vielleicht jedoch die Frage nach der Wahrscheinlichkeit, dass ein „Jesus, Sohn Josephs" mit genau der speziellen Kombination von zwei Frauen und drei Männern in einem Grab liegt, wie wir es beim Talpiot-Grab vorfinden. Ingermanson hat berechnet, dass statistisch gesehen mindestens 11 Männer, die unter dem Namen „Jesus, Sohn Josephs" bekannt sind, zusammen in einem gemeinsamen Grab mit genau der Kombination genannter Namen liegen. Das ist also nicht so selten, wie es das Autoren-Team des Beitrags im *Discovery Channel* darstellt: Es spricht in Bezug auf sein Jesus-Grab von einem „äußerst ungewöhnlichen Zusammentreffen".

Dr. Michael Heiser, Experte für alte Nahost-Sprachen, hat gezeigt, dass das Zusammentreffen der genannten Namen damals auch in anderen Grabstätten nicht ungewöhnlich war. Bei Ausgrabungen auf dem Ölberg in den 1950er Jahren wurden mehr als 40 beschriftete Ossuarien zutage gefördert, auf denen u. a. die Namen Maria, Martha, Matthäus, Joseph und Jesus zu finden waren.[10]

Nun zu der Behauptung, der Name Yose wurde ausschließlich für den Bruder Jesu benutzt. Richard Bauckham weist nach, dass Yose, wenn man die Gesamtwerke der damaligen Zeit betrachtet, alles andere als ein seltener Name war, auch wenn er in den Inschriften von Ossuarien nicht so häufig vorkommt.[11]

Auch zu der Behauptung, dass sich eines der Ossuarien in unmissverständlicher Weise auf Maria Magdalena bezieht, gibt es Einiges zu sagen. Die meisten Experten übersetzen die Inschrift als „Mariamene, [auch genannt] Mara" und nicht mit der Bedeutung von „Meister". Mara ist eine Kurzform des Namens Martha. Einige haben auch die Möglichkeit in Betracht gezogen, dass in diesem Ossuar zwei verschiedene Frauen bestattet sind. Wahrscheinlicher ist jedoch, dass die Verstorbene unter zwei Namen bekannt war. Darüber hinaus ist die Übersetzung des Namens auf dem Sarg mit Mariamene oder Mariamne wahrscheinlich gar nicht korrekt, sondern müsste eher Mariamenou heißen, was, wie Richard Bauckham überzeugend argumentiert, etymologisch eine völlig andere Wortherkunft hat. Deshalb kann sich die Ossuar-Inschrift gar nicht auf Maria Magdalena beziehen.

In ähnlicher Weise ist die Behauptung, dass eine DNA-Analyse eine Ehe zwischen „Jesus" und „Mariamenou" aus diesem Grab unterstützt, deutlich übertrieben und wird von namhaften Wissenschaftlern abgelehnt. Carney Matheson,[12] einer der forensischen DNA-Experten, der für die Sendung befragt wurde, kommentierte später online: „In dem Labor-Bericht wird der Schluss gezogen, dass aufgrund der DNA-Profile die beiden Individuen mütterlicherseits nicht miteinander verwandt waren. Das ist die einzige Aussage, die in dem Untersuchungsergebnis enthalten ist … Während der Filmarbeiten und bei der Dokumentation stellte man mir jedmögliche Frage unter der Sonne, alle Kombinationsmöglichkeiten und Manipulationen eingeschlossen. Ich nannte den Befragern sämtliche möglichen Verwandtschaftskombinationen. Die beiden Personen konnten nicht Bruder und Schwester sein, nicht Mutter und Kind, nicht Cousin/Cousine mütterlicherseits, nicht Kind und Großeltern mütterlicherseits, etc. Ich erwähnte darüber hinaus alle theo-

Foto: Compuinfoto/dreamstime

Der Vater Jesu war ein armer Zimmermann, und nichts weist darauf hin, dass die Familie Jesu wohlhabend genug war, sich ein von Hand aus dem Felsen gehauenes Grab (wie das auf dem Foto) und ein Ossuar zu leisten.

retisch möglichen Verwandschaftsverhältnisse, was ich im Nachhinein wohl nicht hätte tun sollen. Ich zählte folgende Möglichkeiten auf: Vater und Tochter, Cousin/Cousine über die väterliche Linie, Halbbruder und Schwester (mit demselben Vater), oder einfach zwei Personen, die gar nicht miteinander verwandt sind.“ Absolut nichts in den Untersuchungsergebnissen weist darauf hin, dass dieser Jesus und Mariamenou miteinander verheiratet waren – das ist eine Schlussfolgerung, die die Filmemacher voreilig zogen.

Auch die Technik der DNA-Probenentnahme durch das Filmteam und ihre damit verknüpften Mutmaßungen wurden kritisiert. Die Originalknochen standen für die Analyse nicht zur Verfügung, weil sie zum Zeitpunkt der ersten Ausgrabungen gemäß der Praxis der IAA bereits wieder bestattet worden waren. Susanne Sheridan von der Notre Dame University merkt an, dass die DNA-Proben wahrscheinlich aufgrund von mangelhaften Entnahme-Techniken gar nicht zu verwerten sind. Es sei ebenso möglich, dass die Proben von den entnehmenden Personen stammen und nicht von den Überbleibseln aus alter Zeit, also den Restbeständen, die in den Ossuarien vorhanden waren, nachdem die Knochen entnommen worden waren. Man muss sich bewusst machen, dass ursprünglich sehr viele unterschiedliche Leichen in dem Grab waren – die Knochen lagen verstreut und Ossuarien wurden mehrfach verwendet. Kurz gesagt: Es gibt absolut keine Möglichkeit, genau festzustellen, von welcher Leiche oder auch lebenden Person eine bestimmte DNA-Probe stammt – wahrscheinlich war in der Antike die gesamte Grabstelle „kontaminiert“. Aus dem Grunde sind Schlussfolgerungen aufgrund der DNA letzten Endes bedeutungslos.

Zu guter Letzt wollen wir die Behauptung des *Discovery*-Teams untersuchen, dass das zehnte Ossuar nach den ursprünglichen Ausgrabungen verloren gegangen sei, und es sich um das berühmt-berüchtigte Ossuar handele, das "Jakobus/Sohn Josephs/Bruder von Jesus" gehörte – und welches der Welt vor ein paar Jahren präsentiert wurde. Diese Darstellung ist kompletter Unsinn. 1. Das originale Ossuar ist ja niemals verloren gegangen. Es wurde von Dr. Joe Zias im Rockefeller Museum katalogisiert und im Garten desselben deponiert – weil es eben keinerlei Inschrift oder Verzierung trug. 2. Die Abmessungen des zehnten Ossuars, das bei der ursprünglichen Ausgrabung vermessen wurde, und diejenigen des "Jakobus-Ossuars" stimmen nicht überein.[13] 3. Behauptungen, die Patina des Jakobus-Ossuars stimme mit jener der anderen Ossuarien aus dem Talpiot-Grab überein, wurde von genau dem Experten, der bei der Sendung zitiert wurde, abgestritten. 4. Es gibt ernsthafte Zweifel an der Echtheit einiger oder sogar aller Inschriften auf dem Jakobus-Ossuar – viele halten die Inschrift für eine

Fälschung. 5. Eusebius stellt eindeutig fest, dass Jakobus, der Bruder Jesu, in Jerusalem begraben wurde, nahe beim Tempel – wahrscheinlich im Kidron-Tal – und nicht drei Meilen südlich in Talpiot.

Alle diese Fakten widerlegen die konkreten Behauptungen des *Discovery Channel*. Wissenschaftler haben darüber hinaus etliche andere Probleme benannt. Beispielsweise schreibt Dr. Jodi Magness, Archäologin und Expertin für Grabstellen des ersten Jahrhunderts, dass zur Zeit Jesu nur reiche Familien ihre Toten in Felsen-Grabhöhlen bestatteten, in denen die Knochen in Wandnischen deponiert und später in Ossuarien umgelagert wurden. Der Vater Jesu war ein armer Zimmermann, und nichts weist darauf hin, dass die Familie Jesu wohlhabend genug war, sich ein von Hand aus dem Felsen gehauenes Grab und ein Ossuar zu leisten. Auch stimmt die Lokalität nicht. „Wenn die Familie Jesu reich genug gewesen wäre, sich eine Felsen-Grabstelle zu leisten, dann wäre dies in Nazareth gewesen und nicht in Jerusalem," so Magness.

Eine weitere Bemerkung von Magness ist ebenfalls von Interesse: Die Namen der Talpiot-Ossuarien geben Hinweise darauf, dass das Grab einer Familie aus Judäa gehörte, jener Gegend um Jerusalem herum, in der die Namensbezeichnungen der Menschen gewöhnlich aus dem Vornamen und dem Namen des Vaters zusammengesetzt waren. Als Galiläer hätten Jesus und seine Familie ihren Vornamen und ihre Heimatstadt als Namensbezeichnung benutzt. Magness weist mit Recht darauf hin, dass es unmöglich ist, in irgendeiner Weise Rückschlüsse auf die Beziehung zwischen Maria und „Jesus, Sohn Josephs" oder zwischen irgendeinem der anderen Grabbewohner zu ziehen.

Zusammenfassend kann man sagen, dass es im Prinzip keinen führenden Archäologen oder Bibel-Gelehrten gibt, der die Behauptungen des im *Discovery Channel* ausgestrahlten Beitrags, man hätte das tatsächliche Grab Jesu von Nazareth identifiziert, für glaubwürdig hält.

Foto: Private

Der Autor an einer seiner Ausgrabungsstätten in Tall Hisban, Jordanien.

1 Leiter dieses IAA-Teams war der inzwischen verstorbene Yosef Gat. Shimon Gibson gehörte ebenfalls zum Ausgrabungsteam. Auch Amos Kloner, ein führender israelischer Archäologe und Yosef Gats Vorgesetzter, nahm die Funde während dieser ursprünglichen Ausgrabungen in Augenschein. Die Ausgrabungen dauerten bis zum 14. April 1980. **2** Der Name Yeshua war nicht absolut zweifelsfrei zu entziffern. **3** Joe Zias nahm die Ossuarien für das Museum in Empfang und katalogisierte sie. Sie haben die Katalognummern: IAA 80 500-509. **4** 1994 von einem führenden Experten auf dem Gebiet der Ossuarien und der Bestattungspraktiken des ersten Jahrhunderts, Dr. Levi Yizhaq Rahmani ("A Catalogue of Jewish Ossuaries", unter den Ossuarien-Nummern 701-709, 1994); 1996 eine weitere Studie von Prof. Amos Kloner, einem früheren Archäologen der israelischen Antiquitätenbehörde, der die Funde auch bei den ursprünglichen Ausgrabungen begutachtet hatte (Amos Kloner, Professor emeritus des Martin (Szusz) Department of Land of Israel Studies and Archeology an der Bar-Ilan Universität: „A Tomb with Inscribed Ossuaries in the East Talpiot", israelitisches Journal *Antiquot*, 1996). **5** BBC: "The Body in Question", 7. April 1996. Produzenten waren Chris Mann und Ray Bruce sowie die Reporterin Joan Bakewell. Die Sendung war für den Ostersonntag 1996 bestimmt. **6** Zusammen mit dem in Israel geborenen Filmemacher Simcha Jacobovici. **7** Das Journal *Biblical Archaeology Review* war führend in der Diskussion um diesen Fund. **8** Zu den Letztgenannten gehörten einige Archäologen, die in die ursprünglichen Ausgrabungen, Katalogisierungen und Veröffentlichungen involviert waren (Amos Kloner, Joe Zias). **9** Vor allem Tal Ilan, z. Zt. Professorin am Institut für Judaistik an der Freien Universität Berlin. Sie hat einige wichtige Arbeiten veröffentlicht, in denen sie knapp 3.200 Namen der damaligen Zeit erfasst. Das erste Werk erschien 1987 in dem israelitischen Magazin *Eretz Israel* (19:238-241, Hebräisch) und trägt den Titel „Die Namen der Hasmonäer in der zweiten Tempelperiode". In dieser Arbeit untersucht Ilan 1.986 Namen aus verschiedenen Quellen der hellenistisch-römischen Ära. Kürzlich veröffentlichte sie außerdem das *Lexicon of Jewish Names in Late Antiquity Part I: Palestine 330 BCE –200CE;* Tübingen, 2002. Hier wird die Liste von Namen auf 3193 Personen erweitert. Auch Professor Richard Bauckham beschäftigt sich in einem späteren Werk mit den Namen der damaligen Zeit, die sich nur unwesentlich von der Arbeit Ilans unterscheiden (Richard Bauckham, Professor für neutestamentliche Studien und Bishop-Wardlaw-Professor, St Andrews: *Jesus and the Eyewitnesses* [Eerdmans, 2006], Kapitel 4.) **10** Diese Ossuarien sind in Rahmanis Katalog nicht enthalten, wahrscheinlich weil sie nicht Eigentum der israelischen Antiquitätenbehörde sind, und wurden vielleicht deshalb nicht vom Discovery-Team erwähnt. **11** Sogar im Neuen Testament tragen mehrere Personen den Namen: neben einem der Brüder Jesu (Markus 6,3) ein Bruder von Jakobus dem Jüngeren (Markus 15,40) sowie Barnabas, der laut einiger Manuskripte so genannt wurde (Apostelgeschichte 4,36). **12** Assoziierter Professor an der Lakehead-Universität. **13** Das zehnte, sogenannte "verlorene" Ossuar misst 60 x 26 x 30 cm, während das „Jakobus-Ossuar" 56 x 25 x 30,5 cm misst.

Randall W. Younker, Ph.D., ist Professor für Altes Testament und Biblische Archäologie sowie Direktor des Archäologischen Instituts an der Andrews Universität, USA. Er leitet Ausgrabungen in Jordanien, Israel, Zypern, Sizilien und ist Autor zahlreicher Bücher und Fachartikel. Dr. Younker hat außerdem einen Abschluss in Biologie. *Wir danken dem BRI für die freundliche Genehmigung für den Abdruck dieses Artikels.*

Konzernchefs fürchten Zorn der Straße

Größere soziale Unruhen sind nach Meinung vieler Konzernlenker „das schlimmste mögliche Ereignis" mit negativen Auswirkungen auf ihre Unternehmen. In der 16. Ausgabe der *Global CEO Survey* befragte die Unternehmensberatung PricewaterhouseCooper (PwC) gut 1.300 Vorstandsvorsitzende weltweit. 75 % der Befragten fürchten wachsende soziale Spannungen infolge von Arbeitslosigkeit. Diese Sorge rangierte im Ergebnis der Umfrage noch vor a) dem Auseinanderbrechen der Euro-Zone, b) einer Rezession in den USA, c) einer Verlangsamung des Wachstums in China und d) Naturkatastrophen. (Quelle: welt.de/gp)

Foto: Patrick Poendl/dreamstime

Kuriose Begründung der Sonntagsfeier durch Spitzenvertreter der beiden großen Kirchen in Deutschland

Zumindest was die Feier des Sonntags angeht, sind sich der Vorsitzende der Deutschen Bischofskonferenz Robert Zollitsch und der EKD-Ratsvorsitzende Nikolaus Schneider einig. Gemeinsam erklärten sie den 3. März 2013 zum „Internationalen Tag des Freien Sonntags". Sie taten dies in Anlehnung an jenes Datum, „an dem Kaiser Konstantin der Große im Jahr 321 den Sonntag zum Ruhetag erklärte", heißt es in einer Arbeitshilfe zur Vorbereitung dieses Tages. Zollitsch und Schneider verschweigen dabei allerdings, dass Konstantin nicht vom „Tag des Herrn" sprach und auch sonst seinem Gebot keine christliche Begründung gab. Vielmehr nannte er den Sonntag den „ehrwürdigen Tag der Sonne". Ebenso erstaunlich ist die Verwechslung der Kirchenmänner bei der Zählung der Wochentage. Sie bezeichnen den Sonntag als „siebten" und nicht als „ersten" Tag der Woche. Sie beginnen eine ihrer Aussagen mit den Worten: „Gott hat den Menschen den siebten Tag der Woche als Ruhetag geschenkt." Doch dann fahren sie ohne Erklärung fort: „Für Christen hat der Sonntag seine herausragende Bedeutung als Tag der Auferstehung Christi." Diese fand jedoch einen Tag nach dem Sabbat, also am ersten Tag der Woche statt. (Quelle: Pressemitteilungen der Deutschen Bischofskonferenz/18.02.13/gp)

Foto: Raluca Tudor/dreamstime

Vielfalt und Freiheit der Medien bedroht

Online-Zeitungen, Blogs, Smartphone-Apps, aber auch das Fernsehen verändern unsere Welt mehr als uns lieb sein kann. Die neuen Lese- und Sehgewohnheiten haben zu dramatischen Auflagerückgängen bei den Printmedien geführt. Laut IVW haben die deutschen Boulevard-Tageszeitungen im 4. Quartal 2012 so viel an verkaufter Auflage verloren wie nie zuvor. Bei den seriöseren Medien sieht es nicht besser aus. Allein in diesen drei Monaten lag der Rückgang zwischen 1,7 und 6,7 %. Ein Sterben von Zeitungen und Zeitschriften, wie es teilweise schon eingesetzt hat, ist daher nur eine Frage der Zeit. Der Verlust eines kritischen, seriösen Journalismus ist dann ein Kollateralschaden. Darum sorgt sich auch die EU-Kommission. Zur Verteidigung der Pressefreiheit in einer veränderten Medienlandschaft sollen die EU-Staaten jetzt die Internet-Medien stärker regulieren. Angestrebt wird die Installation unabhängiger nationaler Medienräte, die auch Zulassungen entziehen können. „Die EU-Kommission", so die *Frankfurter Allgemeine Zeitung* (*F.A.Z.*), „solle überwachen, dass diese Medienräte sich an europäische Werte halten." Auf diese Weise, so Kritiker, könne die Pressefreiheit jedoch nicht nur gestärkt, sondern auch eingeschränkt werden. Der wohlgemeinte „Schuss" könnte also auch nach hinten losgehen. (Quelle: N. Busse/*dapd*/*F.A.Z.*/J.Schröder/meedia.de/gp)

Zu wem betet der Papst?

Foto: Deniskelly/dreamstime

„Wer nicht zum Herrn betet, betet zum Teufel." Mit diesen Worten, die er offenbar auch für sich selbst in Anspruch nehmen wollte, zitierte Papst Franziskus den französischen Autor Leon Bloy (1846-1917). Er tat dies in seiner ersten Predigt, die er am 14. März 2013 in der Sixtinischen Kapelle hielt. Viele Protestanten müssen dem katholischen Kirchenoberhaupt zumindest innerlich zugestimmt haben. Umso erstaunlicher war es, dass der Papst nur Stunden zuvor zu Maria gebetet hatte. Gemäß seiner öffentlichen Ankündigung unmittelbar nach seiner Wahl begann er seinen ersten Arbeitstag in der römischen Basilika Santa Maria Maggiore, indem er sich bei der Madonna für seine Wahl bedankte und für den Schutz der Stadt Rom betete. In der Basilika steht eine Marien-Ikone namens „Maria Salus Populi Romani" [Maria, Heil des römischen Volkes]. Vor ihr kniete er nieder und betete. Nur Wenige scheinen diesen offensichtlichen Widerspruch des 76-jährigen Südamerikaners bemerkt zu haben. Denn von irgendwelchen göttlichen Qualitäten Marias oder gar einer Himmelfahrt weiß das Neue Testament nichts.

Ein solch spektakuläres und theologisch bedeutsames Ereignis, so Kritiker des katholischen Marienkults, wäre aber mit Sicherheit in der Bibel aufgezeichnet worden. Der Jünger Johannes, den Jesus bei seinem Tod am Kreuz gebeten hatte, sich um seine Mutter zu kümmern, schrieb sein Evangelium um 100 n. Chr. Maria, die ja bei der Geburt Jesu mindestens 15 Jahre alt gewesen sein muss, wäre bei der Niederschrift des Johannes-Evangeliums mindestens 115 Jahre alt gewesen. Das hätte ihr – besonders für die damalige Zeit – ein ungewöhnlich hohes Lebensalter gegeben. Eine eventuelle Himmelfahrt ihrerseits hätte also mit an Sicherheit grenzender Wahrscheinlichkeit vor diesem Datum stattfinden müssen – und wäre dann auch von Johannes erwähnt worden. Das ist sie aber nicht. Die logische Schlussfolgerung: Maria, eine tiefgläubige Frau, die den Sohn Gottes zur Welt gebracht hat, ist gestorben. Sie ruht in ihrem Grab (wahrscheinlich in der Nähe von Ephesus) und wird laut Bibel erst am Tag der Wiederkunft Christi – wie alle anderen bewussten Nachfolger Jesu – an der Auferstehung der Gläubigen teilnehmen. Alles andere ist Volkslegende. Zu wem hat also der Papst gebetet? Mit Sicherheit jedenfalls nicht zu einer im Himmel weilenden Mutter Jesu. (Quelle: G. Hoppe/*ARD*/F. Küble/*Christliches Forum*/vadia.net/news.ch/gp)

Gibt es bald evangelische Katholiken?

„Können sich künftig evangelische Gemeinden der römisch-katholischen Kirche anschließen und dabei ihre bisherige geistliche Prägung behalten?“, fragte kürzlich die evangelikale Zeitschrift *idea*. Der Präfekt der römischen Kongregation für die Glaubenslehre, Erzbischof Gerhard Ludwig Müller (Rom), hat diese Möglichkeit ins Gespräch gebracht. Müller könne sich ein lutherisches Ordinariat im Sinne einer rechtlich eigenständigen Teilkirche innerhalb der Katholischen Kirche vorstellen. Der evangelische Pastor Ulrich Rüß (Hamburg) würde eine solche Möglichkeit begrüßen. Angeblich hätten Lutheraner überall auf der Welt den „Wunsch nach Wiederherstellung der vollen Gemeinschaft mit der katholischen Kirche.“ Im Zeitalter politischer Korrektheit, die nach Einheit und Harmonie verlangt, gleichzeitig aber absolute Wahrheit ablehnt, spielen theologische Unterschiede ohnehin eine immer geringere Rolle.

Die Befürworter einer solchen „Rückkehrökumene“, wie Friedrich Weber, der Catholica-Beauftragte der Vereinigten Evangelisch-Lutherischen Kirche Deutschlands, es nennt, verweisen darauf, dass Luther ursprünglich keine Kirchenspaltung, sondern nur eine Reform der Katholischen Kirche gewollt habe. Und eine solche Erneuerung sei durch das Zweite Vatikanische Konzil erreicht worden. Somit sei die „katholische Kirche von heute nicht mit der desolaten Kirche zur Zeit Luthers gleichzusetzen.“ Nicht alle Lutheraner stimmen dem Hamburger Pastor Rüß zu. Eine Verschmelzung der Evangelischen Kirche mit der Katholischen bezeichnet beispielsweise Weber als „undenkbar“: „Für ein konfessionelles Mischwerk, wie es ein lutherisches Ordinariat darstellen würde, gebe es keine Basis … Insbesondere eine Unterordnung unter das Papstamt komme für Protestanten nicht in Frage.“ (Quelle: *idea*/kath.net/gp)

Foto: Genapix/dreamstime

Glaube als Medizin?

Ein positiver Glaube an Gott kann ähnlich wirksam sein wie ein Medikament. Das sagen die Zeitschrift *Psychologie heute* und zwei Meldungen der *Deutschen Presseagentur* (*DPA*). Die Berichte stützen sich auf 1.200 unabhängige Untersuchungen der letzten Jahre. „Menschen, die an eine höhere Macht glauben, sind weniger oft im Krankenhaus, genesen schneller von Krankheiten, haben einen niedrigeren Blutdruck und scheinen besser gegen Herz- und Kreislaufkrankheiten geschützt zu sein", schreibt die Journalistin Carmen Jaspersen (*DPA*). Außerdem benötigten sie weniger Schmerzmittel, kämen nach Operationen schneller wieder auf die Beine, reagierten auf Belastendes weniger häufig mit Depressionen und verfügten über ein stärkeres Immunsystem. Glaube und Gottvertrauen wirkten sich in 84 % aller Fälle positiv, in 13 % der Fälle neutral und in drei Prozent negativ aus. Das ist auch der schon vor einigen Jahren veröffentlichte Befund des Klinischen Psychologen David Larson vom *National Institute of Health* (NIH) in der Nähe von Washington, D.C.

Der Glaube kann aber auch die gegenteilige Wirkung haben; er kann sogar krank machen. Kenneth Pargament, Psychologe an der Ohio State University in Bowling Green, Ohio, kam in einer Untersuchung zu dem Ergebnis, dass Gläubige, die in der Furcht leben, für ihre Sünden von einem strengen Gott bestraft zu werden – etwa durch endlose

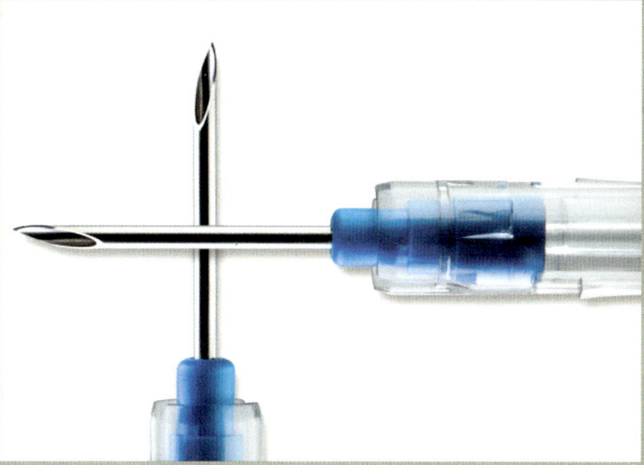

Foto: Mholod/dreamstime

Höllenqualen –, und die diese Strenge auch in ihrer Kirche als „emotionales Klima" erleben, „stärker zu Depressionen, Ängsten und psychosomatischen Störungen" neigten als Nichtgläubige. „Umgekehrt", so Pargament, „fördert der Glaube an einen freundlichen Gott, der Schwächen nachsichtig beurteilt, in Verbindung mit emotionaler Geborgenheit in einer Glaubensgemeinschaft psychisches und körperliches Wohlbefinden deutlich." (Quelle: Carmen Jaspersen/*DPA*/Rudolf Grimm/*DPA*/*Psychologie heute*/gp)

Foto: Jacek Cudak/dreamstime

Eine neue „Super-Ökumene"?

Es will keine neue Organisation mit festen Mitgliedern und starren Regeln sein, sondern lediglich einen Rahmen schaffen für einen Gedankenaustausch und Beratungen zwischen den Kirchen: das „Globale Christliche Forum" (GCF). Vor gut 10 Jahren entstanden, strebt das GCF nach der Einheit aller Christen. Ende Januar 2012 fanden in Rom entsprechende Beratungen mit dem Vatikan statt. Dort beschloss man, die Kontakte zum Weltkirchenrat, der Evangelischen Allianz, der Pfingstlerischen Weltgemeinschaft, der Katholischen Kirche und anderen kirchlichen Zusammenschlüssen zu vertiefen. „Die gelegentlich stattfindenden Versammlungen des Forums", heißt es in einem Plänepapier des GCF, „werden Gelegenheit zur Anbetung, zur Erkundung von Themen gemeinsamer christlicher Anliegen und der Entwicklung eines verbesserten gegenseitigen Verständnisses bieten. Sie werden nicht gesehen als Ereignisse, auf denen Beschlüsse gefasst, Programme initiiert und Dokumente produziert werden. Es könnte jedoch sein, dass sie zu neuen Formen der Zusammenarbeit führen." (Quelle: *GCF News*/globalchristianforum.org/gp)

Christus im Garten Gethsemane

von Ellen G. White

… Gott litt mit seinem Sohn. Engel betrachteten den Todeskampf des Erlösers [im Garten Gethsemane]. Sie sahen, wie ihr Herr von Legionen satanischer Kräfte umgeben war. Sein Wesen wurde niedergedrückt von einem geheimnisvollen erschauernden Grauen. Es gab eine Stille im Himmel. Keine Harfe wurde berührt. Wenn Sterbliche das Erstaunen der Engelschar hätten sehen können, wie sie in stiller Trauer mit ansahen, wie der Vater seine Strahlen des Lichts, der Liebe und der Herrlichkeit von seinem Sohn abzog, würden sie besser verstehen, wie anstößig in seinen Augen die Sünde ist.

Die ungefallenen Welten und die himmlischen Engel hatten mit großem Interesse mit angesehen, wie der Kampf [zwischen Christus und Satan] auf sein Ende zuging. Satan und seine Verbündeten des Bösen, Legionen des Abfalls, beobachteten mit Anspannung diese große Krise im Erlösungswerk. Die Kräfte von Gut und Böse warteten darauf, was wohl die Antwort auf das dreifach wiederholte Gebet Christi sein würde. Zu gern hätten Engel dem göttlichen Leidenden Linderung gebracht. Doch das durfte nicht sein. Es gab keinen Ausweg für den Sohn Gottes. In dieser schrecklichen Krise, als es um alles ging, als der geheimnisvolle Kelch in der Hand des Leidenden erzitterte, öffneten sich die Himmel, ein Licht leuchtete aus der stürmischen Dunkelheit der Krisenstunde hervor, und der mächtige Engel, der in der Gegenwart Gottes steht, der jetzt die Position inne hat, von der Satan gefallen war, kam Christus zur Seite. Der Engel kam nicht, um Christus den Kelch aus der Hand zu nehmen, sondern um ihm Kraft zu geben, ihn auszutrinken, und zwar mit der Zusicherung der Liebe des Vaters. Er kam, um den göttlich-menschlichen Bittsteller zu stärken. Er wies ihn auf die offenen Himmel hin und sprach zu ihm von den Seelen, die als Folge seines Leidens gerettet würden. Er versicherte ihm, dass sein Vater größer und mächtiger als Satan ist, dass sein Tod die endgültige Niederlage Satans zur Folge haben würde und dass das Reich dieser Welt den Heiligen des Höchsten gegeben würde. Er sagte zu ihm, dass sein Vater die Qual seiner Seele sehen würde und dass er zufrieden sei, denn er würde sehen, wie eine große Schar des Menschengeschlechts gerettet würde – gerettet für die Ewigkeit.

Christi Todeskampf hörte nicht auf, doch Niedergeschlagenheit und Entmutigung verließen ihn. Der Sturm hatte in keiner Weise nachgelassen, doch jener, der das Ziel dieses Sturms war, wurde gestärkt, um die Wut des Sturms auszuhalten. Er ging ruhig und gefasst aus dieser Situation hervor. Ein himmlischer Friede ruhte auf seinem blutbefleckten Gesicht. Er hatte das auf sich genommen, was kein Mensch je hätte auf sich nehmen können; denn er hatte die Leiden des Todes für jeden Menschen geschmeckt …

Der Engel zog sich zurück, und das Licht erlosch. Jesus hatte die Möglichkeit zu fliehen, doch er blieb ruhig und selbstbeherrscht. Als ein Verherrlichter stand er mitten unter den hartgesottenen Männern [die ihn verhaften wollten], die jetzt hilflos auf dem Boden ausgestreckt vor ihm lagen. Die Jünger sahen alles mit an. Sie schwiegen vor Erstaunen und Ehrfurcht.

Ellen G. White (1827-1915) ist eine der erfolgreichsten Autorinnen der Weltliteratur. Sie hat 40 Bücher und über 5000 Zeitschriftenartikel geschrieben. Viele glauben, die Amerikanerin hatte die Geistesgabe der Weissagung. Dieser Beitrag ist ihrem Buch The Desire of Ages *(693f.) entnommen.*

Themen der nächsten Ausgabe

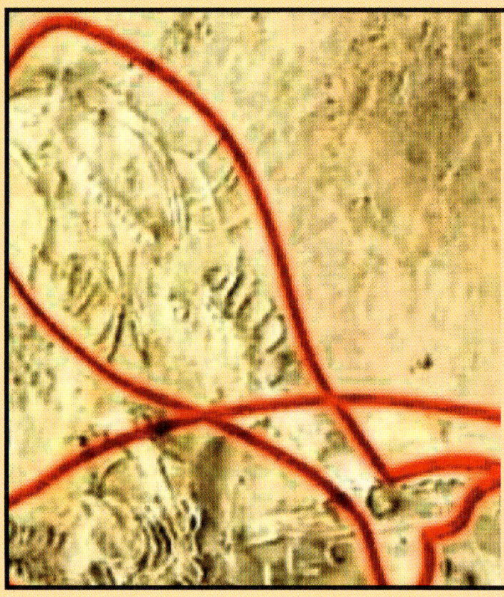

Wie kommen die Wale in die Wüste? Funde in Südamerika geben Rätsel auf

In Wüstengebieten Perus und Chiles haben Forscher die Skelette von insgesamt über 400 Walen entdeckt. Die Fundstellen sind weit von der Küste entfernt und über dem Meeresspiegel. Wie sind die Wale dort hingekommen? Sind die Funde eine Bestätigung für eine weltweite Flut? Ein Paläontologe analysiert das Phänomen.

Der Katholizismus: Kontinuität und Wandel einer politisch-religiösen Organisation

Die Kirche ist inzwischen 2.000 Jahre alt. Aus der christlichen Urgemeinde hervorgegangen, hat sie sich zu einem globalen machtpolitischen Faktor entwickelt. Die römisch-katholische Theologie setzt sich heute aus biblischen Lehren und nichtchristlichen kulturellen Einflüssen zusammen. Was hat sich über die Jahre verändert, was ist gleich geblieben?

Photo: Lesscholz/dreamstime

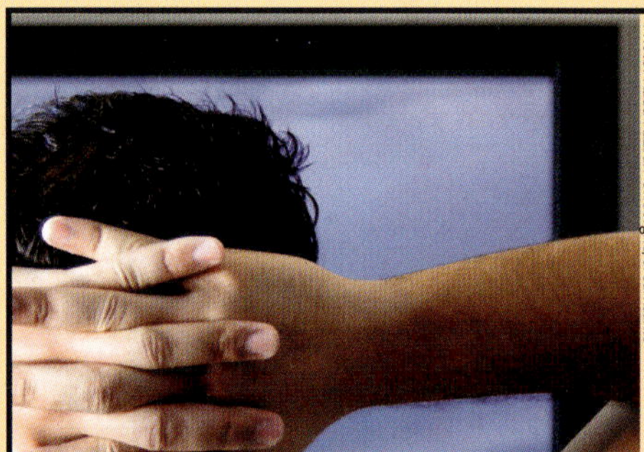

Photo: Radu Razvan Gheorghe/dreamstime

Die Seelenplünderer: Der Einfluss des Fernsehens auf unsere geistige und seelische Gesundheit

Wir verbringen fast die Hälfte unserer freien Zeit vor dem Fernseher. Unser Hunger nach Neuigkeiten, Nachrichten und Unterhaltung ist unstillbar. In vielen Heimen sind kreatives Denken, Geselligkeit und persönliches Reflektieren durch eine Drehbuchwelt ersetzt worden. Werden wir ferngesteuert? Wie wirkt sich das auf unseren Verstand und auf unsere Seele aus?

Impressum

INFO VERO

ISBN: 978-3-943475-07-4

Herausgeber:
BASISTA Media GmbH
(Mitglied bei ASI Deutschland, e.V.)
Erscheinungsweise:
2x im Jahr: Juni und Dezember
Redaktionsadresse:
BASISTA Media GmbH,
Seelhofenstr. 76,
D-74395 Mundelsheim, Deutschland
www.basista-media.com,
Telefon: +49 (0) 71 43-81 30 30
Kontoverbindung:
Volksbank Freiberg u. Umgebg. e.G.
BLZ 600 697 38
Konto-Nr. 281425000
Redaktion:
Dr. Gerhard Padderatz,
Chefredakteur (v.i.S.d.P.)
Gabriele Pietruska
Sigrun Schumacher
editors@infovero.net
Wissenschaftlicher Berater:
Professor Dr. Walter Veith
Layout u. Produktion:
Julian Gudmundsson
www.gpsdk.com
Druck: Øko-Tryk, Dänemark
Vertrieb: MZV Moderner Zeitschriften Vertrieb GmbH & Co. KG
Ohmstraße 1, 85716 Unterschleißheim
Tel. 0 89/3 19 06-0,
Telefax 0 89/3 19 06-1 13
mzv@mzv.de, www.mzv.de

Titelfoto: Aldo Murillo/iStock

BASISTA Media